u books

皇妃ウージェニー

第二帝政の栄光と没落

窪田般彌

白水uブックス

目次

第一章　グラナダの娘たち

一八三〇年六月二十七日、九月には満二十七歳となる青年作家プロスペル・メリメは、一度は結婚をも考えたメラニー・ドゥブルとの恋に破れ、傷心のままスペインへ旅立った。

この年の二月、パリのコメディ・フランセーズでは、文学史上に名高い「エルナニの戦い」が繰りひろげられた。

プロスペル・メリメ

ヴィクトル・ユゴーの戯曲『エルナニ』の上演というロマン主義者たちの古典派への挑戦は、四十五日に及ぶ長い熾烈《しれつ》な闘争となり、赤チョッキと長髪で暴れまわった詩人ゴーチエの逸話を残した。

メリメもユゴーへの友情から、熱烈なロマン派の支持者たちに呼びかけ、観客動員に骨折った。

しかし、知的で控え目な皮肉屋でもあったメリメは、『エトルリアの壺』のサン＝クレールと同じように、ときには仲間たちから「冷たい男」とか「のんき者」といった有難くない評判をたてられるような人間だったので、善意ある「さくら」として消極的な参加をしたにすぎなかった。

メリメは裕福なブルジョワ家庭の御曹子《おんぞうし》だった。父親レオノールは、大成はしなかったものの、かなりの才能をもった画家であり、一方では美術学校の終身幹事を任命されるような実務家でもあった。そして、母親のアンヌ＝ルイズ・モローも絵心をもった才女。二人は典型的なブルジョワ家庭を営み、幸せだった。息子への理解も充分にあり、その天分をのばすためならば、万事に寛大だった。

だが、メラニー・ドゥブルとの結婚には、なぜか反対した。理由はよくわからない。レオノールは、息子を外国にでもやって、恋人から引き離すのが最良と考えた。

この父親の説得は効を奏した。一代の旅行家でもあったメリメには、レオノールの提案はきわめて魅力的な好餌《こうじ》だった。彼は旅か恋かの二者選一を迫られ、結局はかねてからの憧《あこが》れの土地であったスペイン行きを選んだ。

メリメの死後三年して公開された女友達ジェニイ・ダカン――彼はこの女性と四十年間にわたって文通をつづけた――宛の書簡集には、一八三二年九月二十五日に書かれたと推定される次のような一文がある。

……まさに恋の虜《とりこ》となりかけたときに、私はスペインに出発したのです。それは私の生涯における最も美しい行為の一つでした。私の旅立ちの原因となったその婦人は、そんなことは全く何も知りませんでした。もしあのまま残っていたら、私はきっとたいへん愚かしいことをしでかすことになっていたでしょう。なにしろ、この世で人が享受しうるあらゆる幸福を受けるにふさわしい一人の女性に、彼女にとって貴重なすべてのものの代償として、たぶん彼女が払ったにちがいない犠牲よりは、はるかに価値なきものと、私自身にはそう思えた愛情を差しだす――私は敢《あ》えて差し出すと申しましょう――ところだったのですから。

パリを発《た》ったメリメは、ボルドー、バスク地方を通ってマドリッドに到着した。二週間ほど首都に滞在したのち、彼はコルドバ、セビリャ、カディス、アルヘシラス、ロンダ、ローハ、グラナダ……と廻った。

スペインでは見るもの耳にするもの、すべてが魅惑にあふれ、すばらしかった。闘牛、ムーア様式の建築、コルドバのモスク、セビリャのヒラルダの塔。そして、何よりもアンダルシアの女たち。彼女たちの脚は世界で最も美しい！

一八三〇年五月にはフランス軍によるアルジェリアの首都占拠、七月にはパリで七月革命と、祖国は政治的にも社会的にも物情騒然としていたが、スペインに夢中だったメリメには、そんなことは何の関係もなかった。

十月初旬にグラナダに向かい、アンダルシア地方の風物を満喫したメリメは、乗合馬車でマドリッドへの帰途についた。そのおり、たまたま隣りの席に座っていた一人のスペイン人と親しくなった。この人なつっこい男は片目で足をひきずる身体傷害者だったが、誇らかで高貴な風貌の持主であった。

やがてメリメは、相手がテバ伯爵シプリアノ・グスマン・パラフォス・ポルトカリェロであることを知った。彼は十二世紀に遡る名家グスマン家の後裔であり、大のフランス贔屓《びいき》だった。カスティリャの生まれで、かつては砲兵大佐としてナポレオン軍に仕え、一八一四年のパリ防衛のときに大活躍をした歴戦の勇士でもある。

作家で考古学者のメリメは話題も豊富だったので、シプリアノを大いに楽しませた。二人はすっかり意気投合し、親しい友人となった。シプリアノはメリメに、マドリッドに戻ったら、ぜひ自宅に来てほしいと懇願した。

テバ伯爵のアパルトマンはカリェ・デ・ソルドにあった。カリェ・デ・ソルドは体制に反対する連中の溜《たま》り場だった。シプリアノも、苛酷な反動政治の執行者フェルナンド七世（一七八四―一八三三）の批判者だったので、当局からはよく思われていなかったし、決して豊かな生活もしていなかった。

メリメはこのシプリアノの自宅で、美しいテバ伯爵夫人マヌエラと会った。

マヌエラの父ウィリアム・カールパトリックはスコットランドの出。腕のいい商売人だった。一旗あげるべくマラガに定住し、果物と高級ワインの取引きで財をなした。

美しく快活な娘のマヌエラは家庭環境にも恵まれ、趣味の広い才色兼備な女性として育った。彼女のもとには言い寄る男性も少なくなかった。このことは貧乏貴族ドン・シプリアノと結婚してからも変らず、発展家の彼女には少なからぬ男友達ができた。カリェ・デ・ソルドの狭いアパルトマンは、マヌエラを慕う常連であふれた。

シプリアノの招待を受けたメリメも、最初の日からそんな常連の仲間入りをすることになる。とくに作家の豊富な話題は伯爵夫人を喜ばせた。

モンティホ伯爵夫人とウージェニーとパカ

夫のシプリアノも妻とともに、黙々としてメリメの話に耳を傾けていた。そして、一瞬話がとぎれたときに、彼はこう切りだした。
——ところで、私が持っているこの世で最も貴重なものをお見せしましょう。
メリメは頷《うなず》いたが、愛蔵のコレクションでも見せられるのかと思った。しかし、彼の眼の前に現われたのは、二人の可愛い娘だった。

長女のマリア・フランシスカはパカという愛称で呼ばれ、五歳。妹のマリー・ウージェニー（マリア・エウヘニア）は一歳年下の四歳。人見知りをしない彼女たちは、走り寄ってメリメの首に抱きついた。

――子供はお好きですか、とシプリアノがきくと、メリメは心を躍《おど》らせて答えた。

――大好きですよ。

この言葉は決して単なるお世辞ではなかった。二人の娘の出現は、作家を心の底から感動させていたからだ。

メリメはとくに妹のウージェニーが可愛いと思った。輝かしい顔色の彼女は優雅そのものであり、華奢《きゃしゃ》な肩には金色《きんいろ》の巻き毛が垂れ落ちている。眼は青々と澄み、そこには明るさとともに憂愁が漂っている……

ウージェニーは一八二六年五月五日、スペイン南部アンダルシア地方の県方所在地グラナダで生まれた。

イスラム建築の美を今に伝えるアルハンブラ宮殿に象徴されるグラナダは、十世紀の昔にイスラム教徒によって建設された古都である。十五世紀末にスペイン軍に征服され、キリスト教文化が支配することになったものの、ムーア人の伝統文化は路地裏やパチオの片隅にいたるまで根強く残った。グラナダ育ちの詩人ロルカは、ここではどこに行っても「アラビア人の思い出がある」と言っている。
ウージェニー誕生の地は、焼けつくような太陽が輝き、イスラム文化とキリスト教文化が混交する神秘で不可思議な魅力をたたえた風土だった。彼女の誇らかで自尊心にあふれた振舞い、安易な迷信好み、はめをはずした陽気さ、物うげな哀愁……こうした複雑な諸性格は、すべて幻覚の地アンダルシアに負うものだった。
そして、ウージュニーが生まれた五月五日のグラナダ地方は、朝から大地震に見舞われていた。この天変地異のために、母親マヌエラは急に産気づいてしまった。恐怖のあまり、彼女は百合《ゆり》と薔薇《ばら》の植込みのなかに逃げこみ、そこで娘を産み落した。二週間も早い早産だった。第二帝政時代に皇太子の師傅《しふ》をつとめたオーギュスタン・フィロンの『皇妃ウージェニーの思い出』（一九二〇）には、ウージェニーの回想がこう引用されている。

私は地震のさなかに生まれました。母は庭園のテントの下でお産をしたのです。古代人なら、こんな何かの前ぶれをどう言ったでしょうか？　私は世の中を覆《くつがえ》すべく生まれてきた、と彼らは言ったにちがいありません。

ウージェニーは世の中を覆したりはしなかったものの、やがて第二帝政の皇妃として波瀾万丈《はらんばんじょう》の生涯を送るようになるだろう。彼女の運命の星は、尊敬し、手本とあおいだマリー・アントワネットのものと同じだったのだろうか。

一七五五年十一月二日、マリー・アントワネットが皇女アントニアとしてウィーンで産声をあげたとき、リスボンでは大地震が起り、死者六万を数えた。マリー・アントワネットの侍女カンパン夫人は、この日の大惨事を、「宿命的な刻印」と意味づけている。

マドリッド滞在中、メリメはほとんど毎日、カリエ・デ・ソルドのシプリアノ家に通った。娘たちと作家のあいだには、じきに友情が生まれた。メリメはパカとウージェニーを菓子屋に連れていったり、彼女たちの幼い質問にも親切に応待した。二人はメリメのことを、プロスペロと呼んでなついた。

彼らの友情は生涯つづいた。のちにメリメは、第二帝政が誕生するとその廷臣となり、元老院議員となるが、それは皇妃ウージェニーの計らいだった。

娘たちとだけではない。メリメは母親マヌエラにも信頼された。彼女は熱烈なカトリック信者であり、作家は無神論者で反教権主義者だったが、二人の友情にそうしたことは問題とならなかった。

読書家だったマヌエラの話題は、メリメのスペイン趣味を深めるのに大いに役立ったし、『カルメン』の素材を得たのも彼女からだった。

二人の親密な関係は、以後四十年に及ぶ。マヌエラが非常な発展家だったため、メリメは二人の娘の父親ではないかと、あらぬ誤解も受けたほどだった。しかし、それは全く根も葉もない噂話にすぎない。マヌエラがメリメを知ったのは一八三〇年、つまりウージェニー誕生の四年後だったのだから。

一八三四年、シプリアノの兄であるモンティホ伯爵ドン・エウヘニオが六十一歳で他界した。兄には子供がいなかったため、大公爵《グランデサ》の肩書、土地、財産はすべて弟に遺贈されることになった。これはマヌエラが十七年間も待ち焦《こが》れたことだった。

先にのべたように、シプリアノはスペインきっての名家グスマンの出ではあったが、次男であったため、法律により肩書も財産も受けつぐことができなかった。それに反体制側の人間だったシプリアノは、フェルナンド七世の厳命によりマドリッド暮しを許されず、グラナダの貧乏生活に甘んじなければならなかった。兄の死により、今やそうした一切が解決された！

ドン・シプリアノは晴れてモンティホ伯爵となり、一家はプエルタ・デル・ソルに近いマドリッドの中心地、アンヘル広場の角にあった故伯爵の豪邸で暮らすことになる。ここに到着した日、ウージェニーは邸の広さにびっくりし、部屋数を何回も数えながら邸内を走りまわった。

しかし、こうした生活の変化も、ウージェニーの性格に大きな影響をもたらしたわけではなかった。相変らず彼女は快活で御転婆《おてんば》であり、急に打ち沈んだり怒ったりする感情の起伏のはげしさも、以前のままだった。メリメはそんな跳ね返り娘を、「毛むくじゃらの牝獅子《めじし》」と揶揄《やゆ》した。

一家にしても、突如舞い込んできた幸運を充分に活用したわけではない。従来の簡素な生活を守っていたからだ。スペインの不安な政情が、派手な生活を遠慮させていたのだろう。

一八三三年に反動君主フェルナンド七世が死亡し、長女イサベルが王位につくと、フェルナンドの弟ドン・カルロスはこれを不満として反抗した。それはカルロス戦争と呼ばれる内戦となった。ドン・シプリアノはカルロス党の支持者として東奔西走した。

内戦は一八三五年に勃発したが、この年にはコレラも発生した。当時コレラは、きわめて死亡率の高い恐ろしい疫病だった。パリでも三年前の一八三二年にコレラが大流行し、わずか二ヵ月で二万人の死者を出している。コレラの恐怖は内戦以上のものがある。ドン・シプリアノは、妻と二人の娘を首府から立ち去らせようと決意した。

一八三五年の春、マヌエラは二人の娘を連れて、逃げるようにしてパリにやってきた。シプリアノは政治闘争で多忙だったのか、妻との関係が冷えきってしまっていたためか、ひとりマドリッドに残った。父親が大好きだったウージェニーは、ペルピニャンから悲痛な手紙を書いてよこした。「親愛なるパパ、私たちのうち、だれひとり死なないのは幸せです。でも、あなたから遠く離れた私たちは、とても不幸です」。

オスマン男爵の大改造がまだなされていなかった一八三五年のパリは、中世の面影をたっぷり残していた。七月革命以後の反動の時代ではあったけれども、マドリッドにくらべて、はるかに自由だった。青年共和主義者たちの過激な反政府運動も盛んだったが、「銀行家の時代」がはじまり、大金融業者と大企業家による産業革命も徐々に進行していたので、パリにはそれなりの活気もあった。

　マヌエラ母娘《おやこ》はシャン=ゼリゼに居を定めた。もちろん、ここも今日のシャン=ゼリゼではない。人家もまばらで、郊外といった感じだった。静かで、家賃も決して高くないシャン=ゼリゼ。これがマヌエラにここを選ばせた理由だった。

　しかし、美貌のマヌエラの住居は、その魅力と才覚によって、たちまち活気のあるサロンに変貌する。

　最初に訪れたのは、当然のことながらメリメ。マヌエラは彼の腹心の友だった。パカとウージェニーも大喜びだった。環境の変った二人の娘にとって三十二歳のメリメは、リヴォリ街の菓子屋に連れていってくれる《お菓子の叔父《おじ》さん》であり、同時にフランス語と文学の先生だった。

スタンダール

　ある木曜日の午後、メリメは文学仲間の一人を連れてきた。彼はこの友人を、アンリ・ベールと本名で紹介した。やがてマヌエラ母娘は、この男が作家スタンダールであることを知るだろう。

　スタンダールは風采《ふうさい》はさしてあがらなかったが、話し上手で、二人の娘を魅了した。とくに九歳のウージェニーに、五十二歳のアンリ・ベールの印象は強かった。生涯にわたって彼女は、《ベールさん》と親しみをこめて呼んでいたが、のちにオーギユスタン・フィロンにこんな回想をした。

パカと私は、彼の話が聞きたくて昼食も取らないほどでした。呼び鈴《りん》が鳴るたびに、私たちは戸口に走っていきました。各自が彼の手をそれぞれ引きながら、勝ち誇ったように客間に連れてくると、暖炉のそばの肘掛椅子《ひじかけいす》に座らせました。彼に一息させる暇も与えずに、私たちは、彼がわれらの皇帝ナポレオンのことを言い残していった、勝利の話を思い出させました。一週間のあいだずっと、私たちは皇帝のことを思い、眼の前にその雄姿を甦《よみがえ》らせてくれる魔術師を待ちかねていたのですから。彼は私たちに、その狂信ぶりを感染させました。私たちは涙をながし、ふるえ、気が狂ったようでした……


四年間、スタンダールは木曜ごとにやってきた。彼は幼い女友達たちを膝《ひざ》にのせ、なつかしい青春の追憶を、大ナポレオンとともになしたイタリアやロシアへの輝かしい遠征譚を熱っぽく語った。ワーテルローの合戦でのナポレオンの敗北と、セント・ヘレナ流謫《るたく》の話となったとき、二人の娘は眼にいっぱい涙をためて叫んだ。

――スペイン人なら、あんな偉人を遠い島に送るなんて、そんな卑怯《ひきよう》なことは絶対にしないわ！

スタンダールの話は娘たちを興奮させた。その話術と人間的な魅力は、とくにウージェニーにとって、アンリ・ベールを忘れがたい人間となさしめた。のちにプリモリ伯爵からスタンダールの思い出を尋ねられたとき、皇妃ウージェニーは何らためらわずに答えた。

——ベールさんを覚えているかですって？　あの方は私の心臓を、それもどんなにか激しく高鳴らせてくれた最初の人でした……

ウージェニーは十二歳のときに、はや十五、六歳にもみえた早熟な美少女だった。男の心を怪しく動揺させたとしても、少しも不思議ではない。スタンダールは彼女を《エウヘニア》の愛称をもって呼び、大人《おとな》扱いした。

ギイ・ブルトンは、はっきりと、スタンダールは徐々に「魅惑的なウージェニー」に恋心を抱いたと書いているし（『フラン史における恋物語』九巻）、クロード・デュフレーヌは一八三九年のウージェニーのスペイン帰国——彼女は十三歳だった——にふれて、作家が味わった動揺と悲しみは、「まさしく秘められた恋そのもの」と断言している（『皇妃ウージェニー』）。

多くのスタンダール研究家が指摘しているように、『パルムの僧院』にはウージェニーへの作者の思い入れが認められる。小説全体の筋の展開とは何ら関係のない、ワーテルローの合戦の模様を書いている第一巻第三章の終りにつけられた謎めいた原注は、「パキタとエウヘニアのために、一八三八年十二月十五日」という意味深長な献詞だった。

また、第二巻第二十六章にそえられたのは、「P y E in Olo」（パカとエウヘニアはオロロンにあり）という簡潔な一語だった。この言葉は、一八三九年三月二十六日、スタンダールが校正刷に書き入れた注である。このとき、二人の娘はもうパリにいなかった。

パカとウージェニーは一八三九年三月十七日、父親のシプリアノが死亡（三月十五日）したため、マドリッドに戻らねばならなかったからである。二人は母親に連れられ、急流《ガーヴ》で名高いピレネー山中の町オロロン＝サント＝マリーをへて祖国へ向かった。ウージェニーはこの町から、心のこもった優しい手紙をスタンダールに書いた。

しかし、この旅立ちを最後に、スタンダールは《親愛なるエウヘニア》に二度と会うことがなかった。一八四二年三月、脳出血で倒れ、不帰の客となったからである。

スタンダールから歴史を教えられ、メリメにはフランス語を鍛えられたパカとウージェニーのパリ生活に不足はなかった。ただ、母親のマヌエラはそれだけで満足していなかった。娘たちに、社交界の人間にふさわしい教育をほどこそうと考えていたからであった。

よって娘たちは、一八三五年の十月から、ヴァレンヌ街の、現在はロダン美術館となっている聖心会の修道院に入れられた。この修道院の建物はビロン公爵家の古くからの邸で、上流階級の令嬢のみを迎え入れ、情操教育に力をいれていた。

しかし、マヌエラが娘たちを修道院に入れたことには、別の目的もあった。彼女自身が自由を得るためである。旅行好きな彼女は、パリに出てきてからも、たえず各地を飛びまわった。この気まぐれは、英国の若き外交官ジョージ・ヴィリヤーズのパリ到来とともに、いっそう激しくなった。

マヌエラとヴィリヤーズはスペイン時代に知り合い、二人は恋に落ちた。そして、四十一歳の彼女はパリで恋人と再会し、ふたたび情熱をもやした。マドリッドの夫のことなどは頭になかった。一八三七年の春に、ごく短い期間ではあったが、シプリアノはパリにやってきた。

このパリ滞在中、彼はアングレーム街に家具つきのアパルトマンを借り、家族とは一緒に暮らさなかった。毎日娘たちのところに通い、サーカスや散歩に連れ出すのが唯一の楽しみだった。妻の生活態度は少しも変っておらず、離婚も時間の問題だった。

シプリアノは娘たちにも送ってもらえずに、寂しく帰国の途についた。マドリッドに着いてから数日後に、父親思いのウージェニーから一通の手紙がとどいた。

パパが出発する晩、私たちはアルバ公爵のお宅にお招《よ》ばれしておりましたが、私はたえず「いま何時かしら」、と思いつづけました。七時が鳴れば、パパがすぐに出発することを知っていたからです。

娘がこんな気持でいるときに、母親のほうは、早く夫がパリを去ってくれることを願っていた。一刻も早く娘たちを連れて英国に行きたかったからだ。

英国には今やクラレンドン卿となっている愛人ジョージ・ヴィリヤーズをはじめ、多くの仲間がいた。父がスコットランドの出だったマヌエラは英国心酔者だった。ファッションや振舞いはもちろん、男までもが英国優先だった。

二人の娘たちは、ブリストルに近いクリフトンの寄宿舎に入れられた。生活はサクレ＝クールの修道院より自由であり、寄宿舎は広い公園のなかにあったので、娘たちも楽しいロンドン暮しをすることができた。

ただ一度、ウージェニーが激怒したことがある。髪の毛が赤かった彼女は、学友の一人から《にんじん》と仇名《あだな》されたからだった。ウージェニーはこの仇名が我慢できなかった。彼女の怒りがあまりにすさまじかったので、学友たちも兜《かぶと》を脱ぎ、以後ウージェニーを《スペインの女王》と呼ぶようになった。

ロンドンに来ても、ウージェニーの頭のなかは父親のことでいっぱいだった。クリフトンを発つ前に、父親に手紙を書いた。

一八三七年七月二十四日。親愛なるパパ。やさしいお手紙のお返事を、もっと早くしなかったことをお許しください。私たちは、パパがお帰りになる日のために、きれいな編み物を作っています。いずれお目にかかれる日があれば、なんと幸せでしょう。親愛なるパパ、それは私の生涯の最もすばらしい日となりましょう……さようなら、親愛なるパパ、心の底から愛しています。

パリに戻ったウージェニーは、やがて演劇に目をひらかれることになる。マドリッドにおいても、マヌエラは娘たちを芝居に連れていった。コメディ＝フランセーズのボックス席で見たコルネイユやラシーヌやユゴーの劇は、彼女に新しい感動を呼び起した。とくに大悲劇女優ラシェルの迫真の演技に、十二歳の娘は完全に魅了された。

ウージェニーに対してつねに優しかったメリメは、モンティホ伯爵夫人の家にラシェルを連れてきてくれた。憧れのスターに紹介されて、ウージェニーは卒倒するほど感激した。

マヌエラのサロンの常連となったラシェルは、娘たちの親しい友人となった。そして、芝居ずきだったウージェニーに、とりわけ大きな影響をもたらした。皇妃になってから、ウージェニーは心友ポーリーヌ・ド・メッテルニッヒにこう打ち明けた。

――十二歳のとき、女優になりたいと思っていたわ。でも、そのチャンスがなかったのね。皇妃になってしまいましたもの。

ラシェルは英国巡業中に、当時ロンドンに亡命中だった未来のナポレオン三世ルイ・ナポレオンに会っている。

情熱的な二人は、たちまち恋におちいった。ところが二人の間に、ルイ・ナポレオンと同じように色好みだった従弟のプランス・ナポレオンが割り込んできたので、この恋は一場の茶番となってしまった。

ラシェルはウージェニーに女優を夢みさせた。しかし、父への思慕は、そんな少女の甘美な憧憬《どうけい》よりも、もっと強かった。一八三八年の初頭に、「親愛なるパパ、どんなにパパを抱きしめたいことでしょう」と書いている彼女は、その後も切々たる思いを何通も手紙に託した。年末の一通は悲痛だった。

親愛なるパパ。いつお目にかかれるのでしょうか。パパを待ち焦れています。ほんの二、三日でも、おいでになれないのでしょうか。

娘が一日千秋の思いで待ち焦れているというのに、シプリアノはついにパリに姿を現わさなかった。

マドリッドでは女王派とカルロス派の権力争いは熾烈《しれつ》をきわめ、女王派に追われたカルロス派の連中はパリに亡命し、マヌエラの住居を溜り場としていた。純粋に政治的な立場からマヌエラが彼らを迎え入れていたかどうかは、きわめて疑問である。当然、マドリッドにはいまわしい噂が流れ、シプリアノ自身も当局からきびしく監視された。彼はこの誤解を解くべく、マヌエラに再三にわたってブリュッセル行きをすすめたが、彼女はそんな忠告に耳をかさなかった。

シプリアノにパリ行きを断念させた最大の理由は、その健康状態である。まだ六十歳にもなっていないのに、かつての輝かしいナポレオン軍の栄光をになったこの傷痍《しょうい》軍人は、完全に老《ふ》けこんでしまっていた。傷の痛みに悩まされ、身動きも思うがままにならなかった。月日とともにその体力は衰弱していった。

一八三九年の二月、マヌエラは夫の危篤《きとく》を知らされ、娘たちをメリメと家庭教師のフラワーズ嬢

父の死のためマドリッドに戻るウージェニーを見送るメリメ

に頼んで、急遽マドリッドに飛んでいった。夫への愛情が、まだいくばくか残っていたのだろうか。長年にわたって夫を無視し、勝手気ままに振舞ってきた彼女も、人が変ったように献身的に看病した。それはシプリアノにとって、妻から受けた最後のはかない気休めだった。

哀れなシプリアノは、愛する娘たちに見取られることもなく、三月十五日に息を引きとった。

パカとウージェニーは三月十七日にパリを発《た》った。メリメは親しい二人の娘の出発を、胸しめつけられる思いで見送った。この前日に、彼はマヌエラに予言的な一通の手紙を送っている。

> 明日、お嬢さま方は出発なさいます。友よ、どんな悲しみをわたしが味わうか、あなたには想像できないでしょう。彼女たちは、数ヵ月で女性をすっかり変貌させてしまう、そんな生涯のある時

期に発たれるのです。わたしは彼女たちを失ってしまうような気がしてなりません。

父親の死に目にも会えなかったウージェニーは、マドリッドに戻ると二日間も部屋に閉じこもったままだった。姉のパカは、いかにもスペイン風に激しく泣きわめき、感情をさらけだしたが、彼女は一滴の涙も見せず、無言のまま、ひとり悲しみに耐えた。

二日後に、部屋から出てきたウージェニーは、メリメが予言したとおり変貌していた。彼女はもはや子供ではなかった。

以前に、ウージェニーはスタンダールとこんな対話をしたことがある。

——ねえ、ベールさん、パカが私より可愛いのは本当じゃないかしら？

作家はこの不意の質問に、一瞬どきっとしながら、静かに答えた。

——それは別のことなんだよ。パカはとても可愛いさ。でもね、エウヘニア、あなたはもう立派な女性なんだ。

父の死を知った日から、ウージェニーは一人前の女になっていたのであった。

第二章　二つの悲恋

マドリッドに戻ったマヌエラは、義兄が残してくれたアンヘル広場の豪邸アリサ館で暮した。毎週日曜の夜には、モンティホ伯爵夫人が主宰する盛大なパーティーが開かれ、マドリッド中の貴顕紳士が集まった。二人の美貌の娘はこの宴席の華《はな》であり、マヌエラの自慢の種だった。

マドリッドから二里ほど離れたカラバンチェルの別邸のパーティーは、いっそう華やかだった。別邸の正面玄関は十五世紀以来の偉容を誇っていたが、派手好みで、人を眩惑することが何よりも好きだったマヌエラは、部屋数七〇というこの広大な別邸に、惜しげもなく義兄の遺産を注いだからだった。

邸内には二万本の薔薇《ばら》の木が植えこまれ、サロンの壁はティントレット、ムリリョ、ファン・ダイク、ゴヤの作品で飾られていた。庭園の夜の照明は、メリメの進言を入れて、当時はスペインでまだ珍しかった中国の角灯でなされていた。また、野外劇場までもが設けられ、そこでは素人芝居からグランド・オペラまでもが上演され、ここを訪れる人たちを大いに楽しませた。

しかし、ウージェニーがカラバンチェルで楽しんだのは、こうした贅《ぜい》をつくした社交生活ではない。彼女は来訪者たちのお世辞にはさして関心もなかった。

その頃の良家の子女は、淑《しと》やかさ慎《つつ》ましさを何よりも美徳としていたから、野外での激しい運動などはもってのほかだった。

ところが、男の子のように活発なウージェニーは、そうした婦女子とは肌が合わなかった。彼女は華麗な社交界よりは自然を愛した。よって、鞍なしの裸馬に跨《また》がって山野を駆けめぐり、平泳ぎに興じて水着姿をさらけ出し、往時の剣士のように剣を交えて楽しんだ。愛読するのはチャンバラ小説であり、おかげで山賊に略奪される恐ろしい夢を見たりもした。マドリッドのお上品な上流婦人たちは、そんなウージェニーに愛想をつかし、眉《まゆ》をしかめた。

マドリッドに戻ったウージェニーは、メリメとスタンダールの手紙を待ちこがれた。二人の作家は約束どおり、こまめにパリの情報を送ってくれた。パリの自由な空気に洗脳され、マドリッドの生活に退屈しているウージェニーには、作家たちの便りは一陣の酸素のように新鮮だった。彼女のほうも返事を怠らなかった。そして、スタンダール宛にこう不満を訴えた。

パカと私がつき合っている娘たちときたら、お化粧の話しかしません。あるいは、相変らずの誰かれの悪口ばかりです。この種のお友達を、私は好みません。やむをえず彼女たちを訪ねなければならない場合、そのサロンで私が口を開くのは、さようならと言うときだけです。

一八四〇年十月、ナポレオンの遺灰はパリに無言の凱旋をし、棺はアンヴァリッド（廃兵院）に安置された。セーヌのほとりに憩うことを切望していたナポレオンの、没後十九年にしてなされたセント・ヘレナ島からの帰還だった。

この報告をスタンダールから受けたウージェニーは興奮した。すぐさま、かつての大ナポレオン軍の士官に返事を送った。

今やナポレオンの遺灰も持ち帰られたので、あなたは非常に満足されているにちがいありません。私もまた満足しております。この儀式を見るべく、パリに行きたい気持です。

しかし、この手紙は彼女のスタンダール宛の最後のものとなってしまった。一八四二年に作家を襲った突然の死が、二人の友情に悲しい終止符を打ってしまったからだ。

スタンダールの死は、感じやすい年頃の娘には酷《むご》い衝撃だったが、ウージェニーは徐々にマドリッドの生活に順応していく。日に日に美しさをましていく彼女は、母親に連れられて社交界にも顔を出し、マドリッドで最も魅力的な娘となった。彼女があれほど嫌っていた赤毛も、鉛の梳《す》き櫛《ぐし》で毎日といていているうちに、いつしかブロンドに変っていた。馬に乗って散策する彼女に、町の士官たちは飢えた狼のような目つきで色目をつかった。

一八四二年、十六歳のウージェニーに会っている作家のマクシム・デュ・カンは、その自由奔放な挙動に驚かされた。

わたしたちはあるゲームをしているところだった。わたしはそれが何であったか覚えていないが、あるやり方で倒さねばならない小さな木柱で行なわれるゲームである。そのとき一人の娘が、《なによ、大騒ぎして！》と叫びながら入ってきた。彼女はハウデン卿と握手し、メリメにスペイン語でこんにちはと言った。われわれが会釈をして挨拶《あいさつ》すると、彼女はビリヤードに飛びあがり、アンダルシア地方の活発なダンスであるカチューシャを踊りだした。腰を突きだし、胸を前に押しやり、指を鳴らす。スカートを持ちあげ、腰を左右にゆさぶる。頭をさげ、半ば目を閉じた彼女は、球を足でどけ、笑い声をあげた。ハウデン卿が彼女の脹《ふく》らはぎをつかむ。すると彼女は彼の頭を平手でピシャリとたたき、ドアのほうに走りだして姿を消した。この娘がテバ伯爵令嬢ウージェニー＝マリ・ド・グスマンだった……

メリメはこんな振舞いを平気でするウージェニーを危惧《きぐ》した。彼はマヌエラに警告の手紙を書いた。《私がウージェニーのために心配しているのは、一文なしのくせに美しい口ひげをはやし、華やかな軍服をつけた軽騎兵の少尉たちです。だから私としては、あまり遅くならないうちに、彼女が片づく姿をぜひ見たいと思うのです。つまり、彼女が恋物語の第一章を書きはじめないうち

に……》

しかし、彼女の恋物語の第一章に登場するのは、メリメが懸念《けねん》したような軽騎兵の少尉たちではなかった。

一八四二年の或る日、モンティホ伯爵夫人マヌエラは、一人の青年貴族の訪問を受けた。スペインきっての名門アルバ家の御曹子《おんぞうし》ハイメ・ダルバ公爵だった。

ハイメは二十歳。長い頬ひげをはやし、憂いをおびた美貌の若者である。もともとアルバ家とモンティホ家とは姻戚関係にあったから、ハイメはパカやウージェニーにとって従兄であり、子供の頃から互いに知らない仲ではなかった。

娘時代を迎えていた二人の姉妹は、立派な青年貴族となっていた従兄に、あらためて好感を持った。

ハイメも二人の娘に魅了された。よって彼はアンヘル広場の邸やカラバンチェルの別邸に足しげく通った。二人の姉妹も、アルバ公爵家の豪華絢爛《けんらん》たるリリア館を訪れた。

だが、病的なほど内気なハイメは、姉妹のいずれを選ぶべきか、なかなか踏ん切りがつかない。巷《ちまた》では物見高い連中が、公爵夫人になるのは姉なのか妹なのか、とささやき合った。

一八四三年の春、アルバ公爵はいろいろ考えたあげく、モンティホ伯爵令嬢ウージェニーとの結婚を申し出た。

姉のパカを偏愛していたマヌエラは、この公爵の申し出に驚いた。彼女の希望はパカが公爵夫人となることだったから、公爵への返事も素気《そっけ》なかった。

——まあ、考えておきましょう。

公爵もこの母親の言葉にいささか戸惑《とまど》い、すごすごと引きさがった。

ウージェニーは憧れの青年貴族からの結婚申込みが嬉しかったが、目に涙をたたえた姉の落胆した顔を見ていると、ひとり喜んでばかりはいられなかった。彼女の感情は、姉への愛情と公爵への恋心の板挟《ばさ》みとなって激しくゆれた。

マヌエラはウージェニーに申し渡した。

——私としては、お姉さんが公爵と結婚してほしいのよ。

この母の言葉はウージェニーを激怒させた。彼女はそんなことは承服できないと反論した。母娘の言い争いは二週間もつづいた。業《ごう》を煮《に》やしたマヌエラは、人前で娘を叩《たた》きさえもして説得した。

結局、ウージェニーは母親の強引な干渉と、姉の悲しげな顔に負けた。気の弱いアルバ公爵も、マヌエラに押し切られ、婚約は鳴物入りで公表された。ウージェニーは溢《あふ》れる涙をおさえきれぬままに、公爵に申しつたえた。

——あなたが結婚しなければならないのはパカだわ……彼女が愛しているのは、あなたですもの……

こんな言葉を口にするのは、初恋の男性に胸ときめかした十七歳の少女にとって、それこそ断腸の思いだった。一八四三年五月十六日に、彼女は伯爵に痛ましい手紙を書いた。

こんなお手紙をお送りするのは、たいへん奇妙なこととお思いになるでしょう。けれども、この世のあらゆる物事に結末があるように、今や私の結末も訪れようとしています。私の心が抑《おさ》えている一切のことをお知らせしたいのですが、もうそうしたことには耐えきれません。私の性格が強いことは確かです。私は自分の行動に対して言いわけをしようとは思いませんし、相手が私に親切であった場合には、こちらも相手が望んでいる一切のことをなすでしょう。しかし、馬鹿者扱いされたり、人前で叩かれたりしたときには、もう我慢ができません。血がたぎり、何をしでかすか分かりません。多くの人たちは、この世で私以上に幸せな人間はないと思っていますけれども、それは思い違いです。私は一世紀早く生まれてくるべきでしたでしょう。というのは、私が最も大切にしている考えは、現在では滑稽《こっけい》なものにすぎないのですから。私は死以上に、そうした滑稽さを懸念しています。つまり、私はとことんまで愛し、そして嫌うのです。私には愛するのがいいのか、嫌悪するのがいいのか、そんなことは分かりません。私にあるのは、さまざまな恐ろしい情熱の混合物であり、そのいずれもが強烈なものです。私はそれらと戦うものの、戦闘に破れ、ついには、数々の情熱、美徳、狂気のなかで挫折《ざせつ》し、惨《みじ》めに生涯を終えることになりましょう。私はロマンチックで愚かだと、そうあなたは言うでしょう。しかし、あなたは優しい方なので、自分を愛してくれたすべての人々を失ってしまった一人の哀れな娘をお許しくださるでしょう。その娘はみんなから、母親と姉からさえも、つれなく見られているのです。敢《あ》えて申せば、彼女がこのうえなく愛し、その人のためなら施しをもとめ、その人ご自身の不名誉にすら同意するにちがいない男性からも、そうなのです。その男性が誰か、あなたはご承知です。お願いですから、私が気が狂っているなどと、おっしゃらないでください。私を憐れんでください。誰かを愛し、その人から冷たくあしらわれるとはどういうことか、あなたはご存知ないのです。でも、神は私に勇気をお与えくださるでしょう。陰気な修道院の奥処《おくが》で静かに生涯を終える勇気を与えてくださるでしょう。そうすれば、私がこの世に生存していたかどうか、誰にもわかりますまい。たしかに、幸せになるために生まれてきた人たちがいるのです。あなたはそうした人たちの一人です。姉は心やさしい女性です。彼女はあなたを愛しています。あなた方の結婚は近々のことでしょう。そうすれば、あなたの幸福に不足するものは何もなくなるでしょう。子供さんができたら、同じように愛してあげてください。子供はみんなあなたの息子さんたちだということを、お忘れにならないように。一方の子供へより多く愛情を示すあまり、他方の子供への愛を絶対に傷つけたりなさいませんように。私の忠告をよく聞いてください。どうかお幸せに。切にそうお願い申しあげます。

あなたの義妹
ウージェニー

どうか説得などはなさらないでください。無駄なことですから。人々やその方々の愛情からも遠く離れて、私は生涯を終えるつもりです。神のご加護があれば、不可能なことは何もありません。私の決心はきまりました。心は完全に打ちひしがれてしまったからです。

感情の起伏の激しいウージェニーの決心は、ひとつは自殺であり、いまひとつは修道院入りだった。

敬虔なキリスト教徒にとって自殺は好ましい行為ではないが、実際にウージェニーは自殺をはかっている。ただ、その方法はマッチの燐を牛乳に入れて飲むという幼稚なものだったので、消化不良をおこした程度で大事にはいたらなかった。

世間から疎外されたと確信したウージェニーには、修道院入りこそ最も好ましい逃避だった。しかし、サンタ=マリア尼僧院の修道院長は激励の笑みをたたえながら、世間知らずの娘を懇々と諭《さと》した。「あなたはこの世のために生まれてきたのですよ。立派に身をたてなければいけません」。

それからしばらくして、傾斜した階段を馬で降りていったときに、ウージェニーは誤って一人の老婆の足もとに転がり落ちた。老婆は彼女を助けおこし、こう言った。

――娘さん、手をお見せ。未来を占ってあげるから……すごい手相じゃないの！……とても高い身分の人になるわ。百歳まで生き、夜中に死ぬでしょうね……

こんな逸話は、たぶん後世の作り話にすぎないだろう。だが、ウージェニーの生涯を暗示する、いささか出来すぎた作り話と言えなくもない。

一八四四年二月、マドリッドの大司教はパカとハイメの結婚を司式した。もちろん、ウージェニ

スペイン衣裳をつけた娘時代のウージェニー

ーもこの結婚式に列席した。両家の出席者たちのなかには、ウージェニーが失神でもするのではないかと心配した者もいたが、彼女は恨みの涙を流さなかったし、露ほどの嫉妬《しっと》心《しん》も示さなかった。勝気な心がそうさせたのか。姉への愛情がすべてを諦めさせたのだろうか。黒のマンティーラにつつまれたウージェニーの顔は、心から新婚夫婦を祝福する喜びにあふれていた。

とはいうものの、姉の結婚以後、マヌエラとウージェニーの関係が白々しくなったことも確かだった。数ヵ月のあいだ、二人は儀礼的な会話しかしなかった。悶々《もんもん》とした娘は、以前にもまして野外運動に熱中した。

裸馬に乗ってマドリッド市内を駆けめぐるウージェニーは、平気で闘技場にも入りこんだ。人目をひく身なりで闘牛場に顔を出す。水泳と剣術。煙草だって平気で吸う。やることなすこと、すべてが挑発的で大胆だった。一切の古いしきたりを無視したようなこんな娘の振舞いに、さすがのマヌエラも当惑したが、敢えて反対もできなかった。

野外活動だけではない。邸内においてもウージェニーは挑発的だった。デッサンをしたり、英語の学習にはげんでいるうちはまだしも、やがて空想的社会主義者シャルル・フーリエの著作に興味を持ちだした。

一八三〇年の七月革命以後、フランスを支配したのは銀行家を代表とする上層ブルジョワジーであったが、産業の発展とともに都市労働者は次第にその数をまし、金融貴族たちと対立を深めていた。そうした時代に、「友愛と諸階級の結合の上に築かれた社会主義」を唱導したフーリエやサン＝シモンの思想は、労働者や小市民に熱狂的に迎えられていた。そして、フーリエたちの空想的社会主義は国境をこえ、ヨーロッパ各地に浸透していった。

娘がフーリエの思想に洗脳されていることを知ったとき、さすがのマヌエラも少なからず当惑した。だが、ウージェニーはそんなことは一向に気にもとめない。フーリエの平等思想に共感した彼女は、母親が主宰するサロンにおいても、マドリッドの上流階級の淑女たちの前で、公然と資本主義体制を批判する始末だった。マヌエラは不安な眼差しで、過激な娘を唖然として見守るだけだった。

マヌエラは、気まぐれで独立心の強い娘の激情に手を焼いた。どうしたらそれを鎮《しず》めることができるのか。ただ一つの方法しか思い浮かばなかった。それはこの「跳《は》ね返り」を結婚させてしまうことだった。

だが、婿《むこ》探しは決して容易ではない。アルバ公爵のような人物は簡単には見つけだせなかったし、自由奔放な生き方を覚えてしまったウージェニーには、「狭いながらも楽しいわが家」といった、平凡で質素な結婚生活は無縁だった。

とはいうものの、魅力的なウージェニーには多くの立候補者があった——アルカニセス侯爵、アグアド子爵、国際金融業者ロスチャイルド家の子息、ウルトルモン伯爵、ナポレオン一世の妹エリザ・ボナパルトの孫カメラータ、ドゥドーヴィル公爵、作家エドゥアール・ドレセール、スエズ運河の開掘者として名をなした従兄フェルディナン・ド・レセップス、フランス王ルイ・フィリップの第四子オーマル公爵……

ウージェニーはこれらの候補者たちに愛想よく振舞った。彼らと楽しく喋《しゃべ》り、馬に乗って遠出をし、腕に抱かれて踊った。しかし、結婚の申し込みは頑として拒否した。

ただ、ボナパルティストのウージェニーは、その苗字にひかれて、ジェローム・ボナパルトの息子ナポレオン公——彼は仲間うちでプロン゠プロンと呼ばれていた——には、いささか未練があった。

ジェローム・ボナパルトはナポレオン一世の弟。ヴュルッテンベルク王女と結婚してウェストファリア王となったが、兄の没落後はフィレンツェに隠棲していた。一八四八年にフランスに戻り、ナポレオン三世を利用してアンヴァリッドの総裁となり、元帥にのしあがった。

従って、プロン゠プロンは大ナポレオンの甥《おい》であり、ルイ・ナポレオン（ナポレオン三世）は従弟になる。また、妹のマチルドは魅力的な遣《や》り手の才女で、ルイ・ナポレオンも一時は彼女との結婚を考えたほどだった。父親ジェロームの反対もあって二人は結婚しなかったが、ロシアの大富豪と結婚した彼女はマチルド皇女として君臨し、背後からナポレオン三世を操った。

マヌエラとウージェニーは、一八四三年にマドリッドにやってきたプロン＝プロンと知り合った。彼は美貌で才気にも富んでいたので、たちまちモンティホ家の常連となった。その風貌が驚くほど大ナポレオンに似ていたことも、ナポレオン好きだった二人の女性を充分に魅了した。

——娘がナポレオン公と結婚してくれたら……

モンティホ夫人はこう願った。

世間ではナポレオン公のことを揶揄《やゆ》してプロン＝プロンなどと呼んでいるし、かなりの放蕩児《ほうとうじ》という噂も聞いている。だが彼女には、そんなことはどうでもよかった。この結婚話がまとまれば、ウージェニーは晴れて公爵夫人になれる。それだけでも悪い話じゃない……

マヌエラの願望は日に日に大きくなっていった。ついに或る日、彼女はプロン＝プロンに自分の計画をほのめかした。

女好きで、すでに何回となくウージェニーに言い寄っていたプロン＝プロンにとっても、マヌエラの計画は願ったり叶《かな》ったりだった。彼はこのことを、得意げにルイ・ナポレオンにも報告した。しかし、数年後にウージェニーと結婚することになるこの男からの返事は、運命の悪戯か、ひややかで素気ないものだった。

従兄よ、とても考えられないお話ですね。モンティホ嬢は、誰とでも寝る娼婦の類《たぐい》です。結婚なさらないほうが……

プロン＝プロンは、この意地悪な警告に尻込みした。よほどショックだったにちがいない。やがてウージェニーとの一切の関係を断ち切り、彼はすごすごとマドリッドを逃げ出していった。

モンティホ夫人の計画は失敗した。だが、そんなことで挫《くじ》けるような女ではない。

一八四五年七月、マヌエラはウージェニーを連れ、湯治のためにピレネー山脈のオー＝ボンヌに出かけた。湯治というのは実は名目で、この地方に多くの友人を持っていたウージェニーのための気晴らし旅行だった。彼女はあちこちの友人宅を訪れ、プロン＝プロンとの一件を忘れたかのように、はしゃぎまわった。

ある夜、母娘はポーのカステルバジャック侯爵の邸で開かれた内輪《うちわ》の音楽会で、エレオノール・ゴードンという女性と知り合った。彼女は美声を披露《ひろう》して喝采《かっさい》を博した。母娘も拍手を送ったが、彼女が何者であるかは、ほとんど知らなかった。のちにウージェニーは、こう語るだろう。

ストラスブールの陰謀事件のときに、ルイ・ナポレオン公に加担して一役果たしたこと以外は、彼女について私たちは何も知りませんでした。しかし、私たちの強い好奇心をかき立てるには、それだけで充分でした。彼女はたえず自分の君主の話をし、私は彼女の言葉に聞きほれていました。そこには私を興奮させるに足る一切があったのです。

ストラスブールの陰謀事件というのは、一八三六年に新政府樹立を企てたルイ・ナポレオンが、ストラスブール駐留軍を蜂起させた事件である。この企ては失敗し、ルイ・ナポレオンはアメリカに追放されることになったが、この折、ゴードン夫人は重要な役割を果たしている。彼女は狂信的なボナパルティストの恋人ペルシニーに頼まれ、駐留軍の指揮官ヴォドレーを色仕掛けで誘惑したのだった。

ストラスブール事件ののち、ルイ・ナポレオンは一八四〇年に、イギリス海峡に面する港町ブーローニュ゠シュル゠メールで反乱を起こしたが、これもまた失敗、ハム牢獄で終身刑に服さねばならなかった。しかし、ゴードン夫人のルイ・ナポレオンへの献身は変らなかった。

捕われのルイ・ナポレオンの不運を物語るゴードン夫人の声は、怒りと悲しみにふるえていた。ウージェニーはその熱っぽさに引きずり込まれ、すっかり我《われ》を忘れた。その昔、父親やスタンダールの話に夢中になったときもそうだったが、彼女は完全に理性を失ってしまっていた。思わず母親に向って叫んだ。

――ママン、ゴードン夫人が獄中のプリンスに会いにゆかねばならないのなら、私たちもお供できないかしら？

もちろん、こんな提案は常規を逸している。だが、常識はずれなのは娘だけではない。無分別な行動をすることにかけては、母親も娘に決して引けを取らない。

二人は本気になって、ハム牢獄行きを考え、その準備に取りかかった。ところが、ちょうどそのころ、スペインには動乱が生じてしまった。二人は急遽マドリッドへ戻らねばならなくなった。騒ぎが一段落し、マドリッドも平静を取り戻すと、ウージェニーもやっと興奮からさめた。そのとき、彼女の前には新しい恋人が現われた。

アルカニセス侯爵。彼はアルバ家にも匹敵するスペインの名門セクスト公爵家の令息である。ウージェニーとは幼な馴染《なじ》みで、彼女は手紙では「ペペ」と愛称をもって呼んでいる。

ペペは他の立候補者と同じように、マドリッドの邸にもカラバンチェルの別邸にも足しげく通い、ウージェニーに胸のうちを明かした。しかし、恋する女の心を捕えることはできなかった。

彼は執拗だった。自分の愛を繰り返し訴え、ウージェニーの窓下で幾夜もすごした。手紙は毎日書き、ときには日に数通を送りとどけた。そのいずれもが切々として、熱っぽいものだった。


今夜、私は眠ることができません。あなたの肖像に居坐って、お顔の隅々に接吻し、大好きなあの目を私の涙でぬらしています。愛するエウヘニア、いつになったら、私の心をあなたの心のそばで憩《いこ》わせてくださるのですか?

こんな純情な愛の告白に、ウージェニーの気持は大きくゆらぐ。彼女は巧みに張りめぐらされた罠《わな》にかかり、アルバ公爵のときと同じように燃え上がった。

マヌエラも二人の恋に満足だった。セクスト家の御曹司という肩書には何の不足もなかったからだ。それに相手は大金持、モンティホ家の再興にも大いに役立つだろうし、桁《けた》はずれの浪費生活に莫大《ばくだい》な債務を背負っていたモンティホ夫人にとっても、若き侯爵は頼もしい存在だった。

宮廷でも上流社会でも、ウージェニーとペペの婚約話があちこちで噂された。マヌエラも娘の間近い結婚を疑わなかった。あとは侯爵からの正式な申し込みを待つばかりだった。だが、侯爵の父親がこの結婚には反対だったので、朗報はなかなか届かなかった。

そんなさなかに、一八四七年四月、マヌエラは若き女王イサベル二世の女官長に任命された。全く予期しない抜擢《ばってき》だったが、彼女は得意満面だった。権力の座についたと錯覚さえもした。

もともとマヌエラは慎みとか遠慮に欠ける女だったので、そうした彼女の振舞いは、たちまち宮廷内の顰蹙《ひんしゅく》を買ってしまった。彼女を推挙したはずの総理大臣からも嫌われた。彼女を嫌悪していた傅育《ふいく》官ミラフロレス侯爵は女王に進言した。「モンティホ伯爵夫人が彼女の地位に固執するかぎり、小生も今のポストに留まっているわけにはいきません」。

結局、ついには女王からも愛想をつかされ、マヌエラの女官生活は三ヵ月の短期間で終焉《しゅうえん》した。

この終焉とともに、セクスト侯爵家からは、婚約解消が伝えられてきた。マヌエラのあまりにも羽目を外した行動や、娘を使って彼女が侯爵家の財産横領を企んでいるらしいといった噂を、この結婚に気が進まなかったペペの父親は、解消のための絶好の理由としたのだった。

アルバ公爵につづいて、ウージェニーはまたしても夢を破られた。部屋に閉じこもり、苦悩の日々がつづいた。感情的な彼女は自殺をすら考えた。しかし、前回と同じようにマッチの燐では事は成就しなかった。

傷心のウージェニーは、舞踏会やパーティーで悲しみを紛らわせた。心のなかでは、いつかぺぺが父親に敵然として挑戦し、二人の縒《よ》りが戻るものと期待していたが、所詮《しょせん》はむなしい夢想にすぎなかった。

一八四八年の二月革命以後、母親の従兄になるフェルディナン・ド・レセップスがマドリッドに大使として赴任してきた。彼はマヌエラとウージェニーに、パリの情報を伝えてくれた。

マドリッドに嫌気がさしていたウージェニーに、パリはこよなく懐しがった。マヌエラにとっても同様だった。母娘の気持を察したレセップスは、二人にパリ行きをすすめた。

一八四九年二月、マヌエラとウージェニーはパリに出てくる。革命後のパリは十年前とはすっかり変っていたが、何よりも変っていたのはウージェニー自身だった。精神の混乱状態からまだ完全に立ち直っていない彼女には、パリの華やかさは無縁だったからだ。

母娘はヴァンドーム広場の十二番地に、広くもなければ豪奢《ごうしゃ》でもない、小さなアパルトマンを借りた。パーティー好きのマヌエラには満足な住居ではなかったけれども、ひっそりとした生活を望んでいたウージェニーには、むしろ好ましかった。彼女はパカに手紙を書いた。

先日、アパルトマン探しをしたとき、ヴァンドーム広場に、かなり大きいアパルトマンを見つけました。それはママンには大変気に入ったようで、彼女は私にこう申しました。《ねえ、ここがいいんじゃない。だって、ここでなら、いずれ夜会も開けるじゃないの》。そのときの私がどんな恐怖心に襲われたか、想像してみてください！　幸い、いま私たちが入っているのは、ごく小さなアパルトマンです。十人分の場所もないでしょう。その点では、私も少々ほっとしています。

パリに出てきても、その暗い冬の空と同じように、ウージェニーは明るさを取り戻せなかった。三月初旬には、人生への希望を一切失ってしまったかのように、悲痛な手紙をパカに書いた。

希望のない人生は何の価値もありません。そんなものを失ったからといって、少しも残念ではありません。あなたは善き星まわりに生まれてきました。それが曇らないことを願ってやみません。だから、幸せでいてください。繰り返し、そう申しあげます。何かお説教をしているみたいですね。なぜかといえば、今日はとても悲しい気持だからです。それにママンと一緒に、マチルド皇女のところに伺わねばなりません。そこでは、私は誰ひとりとして全く知りません。また泣きだすのではないかと、とても心配です。他の何をするよりも、私は泣きたいのです……幸い、私は、あなたやマドリッドのことを思いつづけて時をすごすでしょう。なぜって、たぶん誰も私

マチルド皇女

なんかに話しかけてこないでしょうから……

マチルド皇女は、すでにのべたようにルイ・ナポレオンの従妹で、女を弄《もてあそ》ぶことしかしなかった「未来の皇帝」が、一度は真剣に結婚を考えた女性である。

しかし、マチルドの父ジェローム公は、口では二人の結婚を認めてはいたものの、実際にはルイ・ナポレオンに少しも好意的ではなかった。よって、シュツットガルトで行なわれた祖父の祝別式を口実にして、婚約時代を楽しんでいた娘をアレーネンベルクから連れ戻してしまった。

マチルドとの恋に破れたルイ・ナポレオンは、やがてストラスブールの陰謀事件に加わり、失敗してアメリカに亡命する。

パリに来たウージェニーは、花の都で羽振りをきかしているマチルド皇女の邸で新しい運命が待ち受けていようとは、もちろん知る由《よし》もなかった。

第三章　ルイ・ナポレオン

マヌエラとウージェニーがパリにやってくる一年前に、ルイ・ナポレオンは三十三年の長い亡命生活を終えてパリに戻ってきていた。

四八年二月には、腐敗した七月王政への怒りがついに爆発し、パリは三たび革命の首府となった。ギゾー内閣は崩壊、国王ルイ・フィリップは退位し、英国に亡命する。そして、二月二十五日には一七九二年の国民公会についで二度目の共和政が宣言された。第二共和政（四八―五一）の出現である。

ルイ・ナポレオンは、この混乱期に乗じてパリに乗りこんできた。ジークフリート・クラカウアーの言葉を借りて言えば、彼は「国際的環境のなかで冒険を求めて歩き、たえず陰謀を企て、あやしげな出所から金を調達し、さらにもっとあやしげな帰依者を獲得した」男だった（『天国と地獄』平井正訳）。

たしかにルイ・ナポレオンは冒険家だった。しかし、サン゠ジェルマンやカリオストロやカザノヴァのように、自由な世界市民としてヨーロッパを股にかけた十八世紀風の冒険家ではない。変動する「国際的環境」のなかで、「たえず陰謀を企て」ながら、権力を求めつづけた冒険家だった。そのためにまず彼が利用したのは、大衆のあいだに伝説化され、憧れともなっていた「ナポレオン」という偉大な名前だった。

バリケードを築き、「ラ・マルセイエーズ」を高らかに歌いながら行進する労働者、商人、学生など、生活の改善を要求する小市民階級は大ナポレオンの幻影に酔い、その再来を期待する。ルイ・ナポレオンとはいかなる男か、民衆は「あやしげな出所から金を調達」しているこの「いかさま男」のことなどは何も知らなかったが、ただナポレオン一世の甥《おい》であるということだけで、未知なる無限の魅力を感じ、熱狂的な帰依者となった。

小市民階級だけではない。無知なる農民にも、「ナポレオン」の名前は護符の役割を充分に果たした。

ハムの牢獄で書いた『貧困の絶滅』（一八四四）の著者ルイ・ナポレオンは、失業労働者や貧農の支持を得ることに成功したが、その農業政策においては、農民の利益の擁護者だったナポレオン一世の政策の継承者と自負していたので、窮乏に苦しむ絶対多数の農民からの期待は日ましに増大した。

一八四八年十二月の大統領選挙で、ルイ・ナポレオンは総得票の七五パーセントを獲得して、対抗馬のカヴェニャック将軍に圧勝したが、その最も大きな要因は、時代の要請に不可思議な魔力をもって応えた「ナポレオン」への妄想であった。

ルイ・ナポレオン（一八〇八―七三）は、ナポレオン一世の弟オランダ王ルイの第三子である。母親はナポレオン一世の皇后ジョゼフィーヌが、前夫とのあいだにもうけたオルタンス・ド・ボーアルネ。彼女はジョゼフィーヌと同様に美貌だったが、母親ゆずりの軽薄な性格の持主だったので、一八一〇年にオランダ王と離婚、私生児モルニーを生み落している。このナポレオン三世の異父弟は、五一年のクーデタの折には、首謀者の一人として活躍する。

ナポレオン一世がワーテルローの決戦（一八一五）に敗れたとき、ルイ・ナポレオンは七歳だった。第一帝政が崩壊し、王政復古をしたルイ十八世は、ナポレオンの残党をきびしく追跡したので、彼は母とともにスイスに亡命し、アレーネンベルクの城で不遇な少年時代を送らねばならなかった。

オルタンス・ド・ボーアルネ

しかし、女に対しては早熟だった。

十二歳のとき、隣家の小娘に惚《ほ》れた。この恋は、花壇にクレソンの種をまいて彼女の名前を花開かせるというプラトニック・ラブに終ったが、じきにそんなことでは欲情を抑えきれなくなった。

十三歳のある夜、彼は自分の部屋に女中を引きずりこみ、強引に犯した。以後、色道修業は順調にすすみ、そのためには朝食後、夕食まで戻ってこなかった。羊飼いの娘から、コンスタンス湖畔のブルジョワ階級の令嬢たちへと、手当り次第だった。

一八三〇年、母とともにフィレンツェに滞在したとき、二十二歳のルイ・ナポレオンは、バラリーニ伯爵夫人という人妻に一目惚れした。夫人は「桃源郷の控えの間」と渾名《あだな》された素晴らしい女性だった。

ひそかにラブレターを送り、密会を迫ったのに、全然相手にされなかったので、ルイ・ナポレオンは花売り娘に変装して、伯爵夫人の居間に入りこんだ。しかし、たちまち亭主たちに見つかり、杖でたたきのめされ、戸外に放り出されてしまった。

醜聞はすぐにフィレンツェ全市に知れわたり、ルイ・ナポレオンは物笑いの種となった。彼はほうほうの体《てい》で「花の都」を立ち去らざるをえなかった。

ルイ・ナポレオンはこの醜聞をごまかすために、亭主に決闘を申し込んだ。彼の思わくは、たぶん相手は決闘を断わってくるだろうし、そうなれば自分の名誉も保たれ、世間からは勇気ある人間とみなされよう、という独りよがりなものだった。

だが、相手は断わってこなかった。

肝《きも》をつぶしたルイ・ナポレオンは、あたふたとフィレンツェを退散した。そして、いっそうの物笑いの種となった。

彼はこんな意気地なしだったが、野心家で冒険家だったその血管《ちくだ》には、祖父の血も流れていた。大胆と臆病。この二つはモーリス・アランも指摘しているように（『第二帝政下の日常生活』）、未来の皇帝の内面にゆれうごく矛盾した性格だった。

フィレンツェでの不名誉きわまりない一件に大恥をかいたオルタンス女王は、息子を連れてローマに落ちのびた。ここでルイ・ナポレオンは、シャルル十世に代るルイ・フィリップの即位、つまり一八三〇年の七月革命を知った。

革命は若い夢想家の血をわかせる。亡命生活の鬱憤《うっぷん》をはらすかのように、カルボナリ党（炭焼党）の革命運動に参加した。

カルボナリ党は十九世紀のはじめにイタリアとフランスに誕生した革命的秘密結社で、フリーメーソンの一分派とも言われている。一八二〇年には本拠をパリに移し、運動も国際性をおびていたが、七月革命以後は、それまでの支持者だったルイ・フィリップにも見放され、分裂状態の危機にあった。

イタリアにおいても、カルボナリ党の評判は芳《かんば》しくない。ルイ・ナポレオンは危険人物視され、教皇警察に追われた。一八三二年の初頭には、変装して母の田舎に逃げなければならなかった。イタリアに居られなくなった母子《おやこ》は、贋《にせ》パスポートを活用して、フランスに潜入する。オルタンス女王の願望は、ルイ・フィリップが息子をフランス軍に迎え入れてくれることだった。

だが、ルイ・フィリップは母子のパリ入りを歓迎しなかった。ナポレオンの甥の出現が目ざわりだったのだろう。彼は二人の存在を警戒し、なかなか会おうともしなかった。

副官ウードロ大佐の尽力もあって、オルタンス女王は、やっとのことで内密に会見の機会を得た。ただし場所は国王の居間ではなく、パレ・ロワイヤルの副官室だった。

ルイ・フィリップは愛想よく迎えてくれた。四方山《よもやま》話に花を咲かせ、冗談もとばした。ボナパルト家の将来についても熱っぽく語った。オルタンス女王は満足し、希望に胸をふくらませてホテルに戻った。

しかし、これは糠《ぬか》喜びだった。数日もしないうちに事態は一変し、彼女は完全に期待を裏切られてしまったからである。国王は二人の「亡命者」に、できるだけ早くフランスを退去するようにと命令したのだった。

五月五日にはヴァンドーム広場で、ナポレオンの命日を記念する追悼《ついとう》集会が行なわれた。広場の記念柱のまわりには、多くのボナパルティストが集まり、大ナポレオンの偉業を偲《しの》んだ。

当然のことながら、ルイ・ナポレオンもオルタンス女王もこの集会への参列を望んでいた。だが、イタリアにおけるルイ・ナポレオンの所業を遺憾《いかん》とする国王は、それを許さなかった。二人はヴァンドーム広場のホテルの窓から、さびしく見物するだけだった。そしてパリを去り、ロンドンに向った。

ロンドンでの息子の日々は、相変らず女の尻を追いかけまわすことだった。母親はそんな息子の将来を案じながら東奔西走、旧知のタレイランにも会っている。この権謀術数の外交官は、当時、

アレーネンベルクの館

駐英大使だった。

オルタンス女王はタレイランに何か期するものがあったのだろうか。それは所詮、藁《わら》をもつかむ空しい期待にすぎなかっただろう。なにしろ女好きで節操のない大外交官のロンドン生活は、息子も顔負けの閨房《けいぼう》めぐりだったからである。

三ヵ月後に、母子はロンドンを去り、スイスのアレーネンベルクに戻ってきた。ルイ・ナポレオンはトゥーヌの士官学校に入り、砲兵科で五年間学んだ。

一八三六年、オルタンス女王は息子の結婚を考えた。彼女の頭にあったのは、ナポレオンの弟ジェローム公の娘マチルド、ルイ・ナポレオンには従妹となる十四歳の魅力的な少女だった。

アレーネンベルクに招かれたマチルドに、ルイ・ナポレオンはたちまち惚れこみ、婚約を取り交す仲となった。しかし、マチルドは父親ジェローム公に連れ戻され、その後の進展もみなかった。

フィアラン・ド・ペルシニー

一八三六年五月二十五日、マチルドは泣きの涙でアレーネンベルクを後にした。彼女がルイ・ナポレオンと再会するのは十二年後のことである。

マチルドとの仲を引き裂かれたのち、ルイ・ナポレオンはストラスブールで反乱を起こす。これはロンドンから戻ってきた陰謀家フィアラン・ド・ペルシニーと結託した、新政府樹立のためのクーデタである。機は充分に熟しておらず、企てはものの見事に失敗した。

この陰謀事件のことを知ったジェローム公は、さっそくオルタンス女王に、怒りをこめて婚約破棄の手紙を書き送った――「あんな野心家でエゴイストな男に娘をやるくらいなら、百姓にでもくれてやりましょう」。

クーデタをしくじったルイ・ナポレオンはアメリカに逃れ、ニューヨークで放蕩の限りをつくした。あげくの果ては、ホテル代にも困窮し、娼婦のところに身を寄せる始末だった。

一八三七年六月、彼はアレーネンベルクから母危篤《きとく》の手紙を受け取った。ロンドン経由で帰ろうとしたが、ロンドンのフランス大使館ではパスポートを断わられた。スイス領事のはからいで、オランダからドイツをへて、八月四日に、やっとのことでスイス入りをする。オルタンス女王は二ヵ月後の十月五日に死亡した。

その次の日に、ルイ・ナポレオンはオルタンス女王の腹心の友サルヴァージュ・ド・ファヴロル夫人から、二十七歳の異父弟オーギュスト・ド・モルニーの存在を教えられた。

――彼はどこにいるんです？　ルイ・ナポレオンの顔は緊張し、こわばった。

――パリです。一八三〇年七月のアルジェリア遠征にも参加し、コンスタンチーヌの町を目の前にして、栄光赫々《かくかく》たるものがありましたよ。今はダンディーな生活を送り、流行を作り出しています。宮廷にもしばしば顔をだし、ジャーナリズムの仕事をし、パーティーもよく開いていますよ。

――たぶん、いずれ彼とも会うことになるでしょう。

ルイ・ナポレオンは、窓からコンスタンス湖を見つめながら、いかにしてこの異父弟を利用しうるかと、いかにも野心家らしい瞑想にふけった。

数週間後に、彼は自発的にスイスから退去し、ふたたびロンドンに向った。これは退去命令が出る前にとった賢明な処置だった。

ロンドンでルイ・ナポレオンは、かつての情婦ゴードン夫人と、ストラスブール事件の共犯者ペルシニーに再会した。そして、二人に勇気づけられ、新たにクーデタを画策した。

十八ヵ月後に、今度は港町ブーローニュ＝シュル＝メールでクーデタ（一八四〇年）を起こしたが、これもまた不首尾に終った。捕えられたルイ・ナポレオンはハム牢獄に投獄され、終身刑を科せられた。この年の十一月に、マチルドはフィレンツェでロシアの大富豪デミドフと結婚している。

牢獄でのルイ・ナポレオンの生活は相変らずだった。情事にはこと欠かなかったからだ。彼は内務大臣デュシャテルに手紙を送り、獄中に女性を迎え入れることを黙認させている。

そうした女性の一人に、織物工の娘で、監獄のアイロンかけとして雇われていたエレオノール・ヴェルジョがいた。「麗《うるわ》しの木靴娘」とも渾名《あだな》された、大柄で健康な二十歳の美女だった。ルイ・ナポレオンは天の恵みとばかりにこの娘を「獄中の妻」とし、傍若無人に振舞った。噂はハムや近郊のサン＝カンタンだけではなく、パリにまで伝わった。寄席《よせ》芸人たちは大喜びをし、漫画には、「鷲の装飾が施された寝巻きにアイロンをかけているプリンス」が描かれた。

しかし、ルイ・ナポレオンは情事にばかり耽《ふけ》っていたのではない。サン＝シモンの空想的社会主義に傾倒していた彼は、貧民救済の啓蒙書『貧困の絶滅』を書きつづける。純情な「獄中の妻」はこの夫の姿を頼もしく思い、感動した。彼女はいつの日か夫が皇帝の座につくことを夢み、幸せだった。やがて妊娠もした。彼女は一八四二年の暮にハムを去り、翌年の二月にパリで男子を出産している。

情事と執筆の毎日を送っているルイ・ナポレオンのところに、ある日、内務大臣の特別許可証を所持した女性が尋ねてきた。彼女はいま一人のエレオノール、ストラスブールの隠謀事件にも協力したゴードン夫人だった。

「獄中の妻」は何か不吉な予感がした。

熱烈なボナパルティストであるゴードン夫人の献身ぶりは、決してエレオノール・ヴェルジョに負けていない。夫人はルイ・ナポレオンに脱獄計画を示唆した。

——あたしは大臣デュシャテル氏に会ってきました。彼はこう申しました、あなたはたいへん政府に迷惑をかけているが、このあたしがあなたの逃亡に手を貸すぶんには、それはそれで結構だ、と。もちろん、彼が司令官に命令して、目をつぶって獄門を開かせることはできません。でも、一兵士の軍服をまとわせてあなたを外に連れだすことは、いともたやすいと確信しているようです。ひとたび外に出れば、あなたはある男と会い、パスポートとメキシコ行きの切符を渡されましょう……

ルイ・ボナパルトは、例によって虚《うつろ》な目つきで聞いていた。夫人が話し終えたとき、簡単にこう答えた。

——ありがとう。ほんとにありがとう。でも、私はここにいたいな！

忠実なゴードン夫人は、あっけにとられて引きさがった。「獄中の妻」は、ほっとした思いだった。

一八四六年の五月初旬に、たまたま石工職人の一団がハム城塞の工事のためにやってきた。ルイ・ナポレオンはこの機会を利用する。彼は石工の身なりに変装し、ブリュッセルを経てロンドンに逃れた。

ルイ・ナポレオンはしばしば、「下劣漢バダンゲ」と呼ばれている。それはこの脱獄の折に、バダンゲなる石工の衣服を借用したからである。しかし、フェルディナン・バックのように、そんな石工は実在せず、「ぶらつき歩く人間」を意味するピカルディ地方の方言にすぎない、と断言する歴史家もいる（『皇妃ウージェニーの結婚』）。

移り気なルイ・ナポレオンの脱獄には、いま一つ大きな原因があった。子供ができ、魅力が少々うすれてしまったエレオノール・ヴェルジョに厭《あ》きがきたからである。エレオノールは必死になって引きとめたが、彼女から逃れようとする冷血漢の決意は堅かった。別離にあたって、バダンゲは彼女にパリ行きをすすめた。

——両親や、ペロンヌの叔母《おば》さんのところに行くんじゃないよ。

——じゃ、どこへ行ったらいいのかしら？

——パリのゴードン夫人のところがいい。とても親切に迎えてくれるだろう。

不安なエレオノールは、もう一度きいてみた。

——なぜ、パリに行かなきゃならないの？

——二人がごく近いところにいるわけにはいかないからだ。

バダンゲの口調は、次第にきびしくなってきていた。エレオノールもそれ以上のことは口にせず、おとなしく命令に服した。

ロンドンでルイ・ナポレオンは、流行の支配者として君臨していたダンディー、ドルセ伯爵と会った。彼はこのダンディスムの王者から、金銭的にも社交的にも、何よりも欲情の処理において多大な恩恵を受けた。実際、「彼がいなかったら、第二帝政もありえなかったかもしれない」（ギイ・

ブルトン）。

アルフレッド・ドルセ伯爵は、一八〇一年にパリで生まれている。祖父は金持の徴税請負人であり、父は執政政府の時代（一七九九―一八〇四）にはパンプリューヌの旅団長、そして、ルイ十八世の御代には王室近衛兵の指揮官をつとめた。つまり、彼は財産と身分に恵まれた名門の出だった。

一八二一年、二十歳のアルフレッド・ドルセはロンドンにやってきた。すでにパリにおいて、ダンディスムを標榜《ひょうぼう》した彼の髪型、チョッキ、ネクタイ、杖は評判だったが、その笑い方までもが真似されるほどだった。

ドルセ伯爵がロンドンに乗りこんできた目的の一つは、「美貌のブランメル」と呼ばれ、ロンドン流行界の尖端を行く英国きっての伊達男ジョージ・ブライアン・ブランメル（一七七八―一八四〇）に挑戦するためだった。

もっとも、ドルセ伯爵がロンドン入りをしたとき、当のブランメルは賭博と浪費のために全財産を失い、カレーに逃亡していたから、ドルセ伯爵が実際に挑戦したのは、ブランメルのダンディスムの残像に対してであったと言えよう。

それはともかくとして、パリ・ファッションをふりかざし、ハイド・パークを馬で駆け抜け、ロンドンのダンディーたちと君・僕のつき合いをするドルセ伯爵は、婦人たちにも持てはやされ、「狂気じみた人気」を博した。パルトー（両脇にポケットのついた前ボタンの短いコート）をロンドンに流行《はや》らしたのも伯爵だった。

ブレシントン卿夫人

ブランメルを凌駕《りょうが》したドルセ伯爵は、当然のことながら、上流婦人の注目の的となった。大富豪ブレシントン卿夫人「ブロンドのマーガレット」は、そうした婦人の一人である。というよりは、ドルセ伯爵のほうが生涯にはじめて夢中になった女性だった。

伯爵はブレシントン夫妻と親交をむすび、三人でヨーロッパ各地を転々と旅行もした。ジェノヴァで三人は詩人のバイロンに会った。『ドン・ジュアン』の作者は、夫人と伯爵の関係をすぐに見抜き、ドルセのことを「のぼせきったキューピッド」と揶揄《やゆ》した。三人の旅はジェノヴァから、さらにつづいた。結局、六年間もかけて、イタリア全土を歩きまわった。

ある日、ブレシントン卿は男爵に、とてつもない提案をしてきた。

――あなたもご承知のように、ハリエットは最初の結婚のときにできた娘です。もし彼女と結婚してくださるなら、娘には財産の半分を遺贈しましょう……

ドルセ伯爵は戸惑ったが、ブレシントン夫人は少しも驚かず、「そうなれば、私はあなたのそばにいられるのだし。あなたは夫の財産を所有することができるのだから」と言って、夫の提案を受けることを強くすすめた。

一八二七年十二月、ドルセ伯爵はナポリで、十五歳の娘ハリエットとの華燭《かしよく》の典をあげた。といっても、ブレシントン夫人との関係が断たれたわけではない。新妻と一緒に暮らすよりは、「ブロンドのマーガレット」と過ごすことのほうが、はるかに多かったからだ。要するに、パリ育ちのこの美貌のダンディーは、ブレシントン卿の友人、夫人の恋人、娘の夫と、一人三役をこなすことになったのである。

ハム城塞から脱獄してきたルイ・ナポレオンと会ったとき、ドルセ伯爵はまずこう尋ねた。

——殿下、あなたのために、どんなお役に立ちましょうか。

ルイ・ナポレオンは窮状を正直に訴えた。彼には金もなかったし、頼れる知り合いもほとんどいなかった。それに、「気晴らし」の欲望ばかりが激しかった。

さっそくドルセ伯爵は、貞操観念の薄い魅力的な娘たちを集め、夜会を開くことを約束してくれた。踊り子や女優など、伯爵は献身的に骨折ってくれた。おかげで彼の財産も底をつき、貴重な絵画や彫刻までも処分しなければならなかった。

「ダンディスムは沈みゆく太陽」とはボードレールの名言だが、落魄《らくはく》はダンディーの宿命である。ブランメル同様、晩年のドルセ伯爵も莫大な債務を背負い、窮乏生活に耐えねばならなかった。

一八四九年、彼はナポレオン三世を頼って渡仏した。ナポレオン三世は旧恩に報いるべく、伯爵を美術館館長に任命した。しかし、時すでに遅く、もはや彼の時代は去っていた。三十年も仕えてくれた最愛のブレシントン夫人にも先立たれ、一八五二年の四月に、ひとり寂しく死んでいった。

ドルセ伯爵がルイ・ナポレオンに世話をした女性のなかで、ミス・ハワードは最も魅力的な妖婦だった。例によってルイ・ナポレオンはこの種の女に弱く、人目もはばからなかった。

噂を耳にした反ボナパルトの連中は、ミス・ハワードを最下等の娼婦ときめつけ、「ルイ・ナポレオンは皇帝の後継ぎと思っているらしいが、冗談じゃない！　あの後継ぎはひもにすぎない」と誹謗《ひぼう》した。

一八六二年にはジュネーヴで、次のような怪文書も出まわっている。

アメリカにおいてもイギリスにおいても、ルイ・ナポレオンは裕福でなかった。それゆえ、彼はまず安直な恋を探し求めた。それは彼に被害を与えるのみか、必要に応じては、非常な実益をもたらすものであったろう。そもそも、彼は久しく前から、女を犠牲にして生きていく習慣を身につけていた。この悪くない生き方が、あまりにうまくいってしまったので、彼はいま一度、その生き方を活用する機会を探索しつづけた……

ミス・ハワードは、ルイ・ナポレオンの「女を犠牲にした悪くない生き方」の餌食《えじき》である。しかし、彼女がいかなる女性であったかは、長いあいだ闇につつまれていた。ギイ・ブルトンによれば、彼女の実像が明るみにでたのは一九五八年のことで、シモーヌ・アンドレ・モーロワ女史——作家モーロワの二度目の妻——の労作『ミス・ハワード、一皇帝をつくった女性』によってであるという。

彼女の本名はエリザベス・アン・ハリエット。一八二三年にブライトンで生まれている。父親は婦人靴商であり、母親は敬虔な新教徒だった。女優を志したが、十五歳のとき馬商人の息子と駆け落ちし、ロンドンのオクスフォード・ストリートで暮すためにハリエット・ハワードなる変名を使った。

十七歳のミス・ハワードは、ロンドンのスノッブ仲間からは評判の女となっていた。そして、近衛騎兵連隊の幕僚と恋に落ち、男子を出産した。

ミス・ハワード

一八四六年のある夜、ミス・ハワードはブレシントン夫妻のサロンでドルセ伯爵と会い、彼から「うつろな目をした小さな男」に紹介された。周囲の者たちは、この男のことを「殿下」と呼んでいた。彼女はうやうやしく膝《ひざ》をかがめた。

ミス・ハワードは二十三歳。すばらしい肉体と「古代人のように整った顔立ちの」輝くばかりの美しさだった。

ルイ・ナポレオンは三十八歳。牢獄から出てきたばかりの彼は一文なしであり、おまけに風采もあがらなかった。足はあくまでも短く、口ひげは煙草で黄色くこげている。顔はやつれはて、頬はたるみ、目には隈《くま》ができている——若い娘を魅了する美男子とは、お世辞にも言えなかった。だが、そんなことはどうでもよかった。ナポレオンの甥ということだけで充分だった。ナポレオンの幻影は、ウェリントン将軍においてすら魔力を持っていたのだった。

ルイ・ナポレオンは、ストラスブールとブーローニュでの二度も失敗したクーデタのこと、ハム城塞の生活や、そこからの脱獄の話を二時間もかけて語りきかせた。ミス・ハワードは胸をときめかせ、黙って聞いていた。そして二人は、二日後には完全に恋人となった。

ミス・ハワードは、自分には結婚した男がおり、子供も一人いることを正直に告白した。すると、ルイ・ナポレオンは平然と答えた。

——そうなの！　でも、わたしにだって二人息子がいますよ。それも私生児です。ハムにいたときに生まれたのです。捕われ時代の産物で……つまり、わたしたちには三人の子供がいるということです。

これでミス・ハワードの決心もついた。彼女はすぐに夫のもとに走り、離婚を申し出た。同時に二人の男を愛せないというのが彼女の言い分だった。

近衛騎兵連隊の幕僚をつとめる夫は、粋で寛大だった。事情を知ると、彼は何も言わずに離婚を認め、さらにそのうえ、資産、不動産、宝石、繋駕《けいが》一式を分けてくれた。

数日後に、ルイ・ナポレオンはそれまでの質素なホテルを離れ、情婦が借りてくれたバークレー・ストリートの豪華な住居に移った。

生活は一変する。ミス・ハワードの資力のおかげで、ルイ・ナポレオンは連日のようにパーティーを開き、狩りをし、ロンドン中を馬車で乗りまわし、ひとかどのダンディーとして振舞った。


ミス・ハワードとルイ・ナポレオンがロンドンで優雅な生活を送っているあいだに、フランスのルイ・フィリップの宮廷は、たび重なるスキャンダルに崩壊寸前となっていた。

一八四〇年十月には第五回目の国王暗殺未遂事件が起り、上層階級を震撼《しんかん》とさせた。首相チエールはこのために辞職し、スルト内閣が誕生した。歴史家として名高いギゾーもこの折に外務大臣として就任し、七月王政が瓦解《がかい》するときまで、実際上の政治の指導者となった。

しかし、ギゾーの保守政策は、日ましに激しくなる労働攻勢に充分に対応できなかったので、パリではストライキが頻発、悲惨な下層民の不満をつのらせるばかりだった。

外交においても、ギゾーの平和外交政策はつねに英国の後塵《こうじん》を拝さねばならなかった。フランスにとって目ぼしいことと言えば、一八三〇年のアルジェ占領にはじまるアルジェリア遠征ぐらいなもので、近東紛争でも、ニュージーランド占領問題でも、フランスは後れを取りつづけた。

こうした内外での失政は、急進分子を先頭に国民の不満を爆発させる。

――われわれは腐敗によって支配されている！

七月王政の「腐敗」に対する「改革」を求める声は、あちこちでこう叫ばれた。改革の推進者たちは、禁止されている集会に代るものとして「改革宴会運動（バンケ）」をパリやその他の大都市で開催し、自分たちの主張を国民に浸透させた。

一八四八年二月、ギゾー――彼はスルト引退後の首相だった――に後押しされたルイ・フィリップは、マドレーヌ広場で開かれることになっていた政府反対派の「バンケ」を禁止した。

これが一つの導火線だった。反政府のパリ民衆は、数時間でバリケードを築き、デモ行進は町にあふれた。

二月二十四日、軍隊はキャプシーヌ大通りの群衆に発砲し、八十名あまりの死傷者を出した。市民は激昂《げっこう》し、もう収拾がつかなくなる。

国王ルイ・フィリップはこの日の午後四時、王位を退いた。一時間後に、彼はフロックコートに丸帽といった姿で、チュイルリー宮殿からコンコルド広場へと抜け、王妃とともに辻馬に飛び乗って、すごすごとパリを逃げだした。国王夫妻の嚢中《のう》にあったのは、わずか十五フランだった。

二人はパリ西方のドルーで一泊し、次の日、イギリス海峡に面した海水浴場として名高いトゥルヴィルから英国に向った。

パリでは、こんな国王の狼狽《ろうばい》ぶりを茶化すかのように、当時人気絶頂だったピエール・デュポンの風刺歌謡『牡牛ども』の替え歌を歌いまくった。

昨日は豪華な牛小屋に住んでいた
でぶの牡牛が、欲ばりな老いぼれめが。
マホガニーが取って代った、
赤毛の目立つ白い大牛どものカエデに。
誰もがその太鼓腹をたたえた
冬にも輪舞、夏にも輪舞。
奴めは一週間で
手持ち以上の金をかせいだ。

あばよ、神を恐れぬ王よ！
英国人にでも守ってもらえ。
立ち去れ、すぐに立ち去れ、
さもないと、舗道の上に引きずりだすぞ
ルイ・フィリップとギゾーの奴めを。

パリで二度目の共和政が宣言されたとき、ルイ・ナポレオンは大英博物館の図書室で静かに勉強していた。部厚い『砲兵概論』に没頭していた彼は、いかにすれば一発の大砲で多数の兵士を殺せるかを研究していたのだった。

そのとき、一人の友人が興奮して入ってきた。彼は声を低めて言った。

——ルイ・フィリップが退位したそうだ！

ルイ・ナポレオンは身動きもせず、半ば目をとじたまま、何回かその言葉を心のなかで繰り返した。

十五分後に、彼は自宅に戻った。ミス・ハワードは、すでにフランスからの朗報を知らされていたので、情夫の帰宅を待ち焦れていた。彼女は嬉しそうに言った。

——ルイ、いよいよあなたの出番よ。パリの革命家たちは、ばらばららしいわ。いかなる政体を選んだらいいのか、わからないのね。彼らはためらい、つまらないことで言い争い、何の計画もないみたい。彼らの名前は民衆に知られていないわ。空《から》っぽの共和国を作りあげたところなのよ。あなたなら、その空っぽなところを埋めることができるわ……すぐにフランスに立つべきです！

ルイ・ナポレオンは満足げだったが、一方では困惑した様子だった。ミス・ハワードは、すぐにそのわけを理解した。

——私の財産は、お好きなように使ってください。

未来の皇帝の顔は晴れやかになった。彼はミス・ハワードを強く抱きしめた。

——ありがとう、あなたのおかげで、わたしは一年もしないうちに、フランスの指導者となるだろう。

ミス・ハワードは約束どおり支度金《したく》をつくった。

ルイ・ナポレオンは三月一日にパリに出てくる。翌日、彼は外務大臣ラマルチーヌに会いにゆく。このロマン派の大詩人は、共和国のために馳せ参じたルイ・ナポレオンに感謝した。しかし、ボナパルト家の者がフランスに入ることは法律で禁じられているので、いったんロンドンに戻るようにと進言する。

ロンドンに引き返したルイ・ナポレオンは、ミス・ハワードとともに冷静に事の成りゆきを見守っていた。

フランスは騒然としていた。

三月には普通選挙制が採用され、その結果、共和制の樹立を一応の成果とみているブルジョワジーと、革命の徹底化をはかる労働者階級の対立はますます激しくなる。

五月十五日、十五万人の群集が憲法議会に突入。六月には一万人以上の死傷者を出した六月叛乱が勃発し、パリは血の海となった。

六ヵ月間にわたる紛糾《ふんきゅう》を重ねて共和国憲法が布告されたのは十一月二十一日。この新憲法にしたがって、人民投票による任期四年の大統領が選出されることになる。

腐敗した政治にあきあきした民衆は、ナポレオンの幻影に何かを期待しているようだった。そうした情勢をすばやく察したミス・ハワードは、ルイ・ナポレオンをはげました。

——さあ、あなたのために世論をもりたてなければいけないわ……繰り返して申しあげますが、私の財産は、お好きなようにお使いください。

ミス・ハワードは全財産を賭けた。彼女は土地や宝石を処分し、最後には家具までも売りはらった。そして、新聞記者、風刺漫画家、シャンソン作詞者を買収し、行商人たちを使って、全農村にルイ・ナポレオンの経歴をばらまいた。この前代未聞の宣伝キャンペーンに費やされた額は約五十万フラン。現在なら千五百万フラン以上の出費となる。

大統領選挙は十二月十日に行なわれた。

ミス・ハワードの宣伝キャンペーンの効果は絶大だった。ルイ・ナポレオンの得票数は、次点のカヴェニャックの四倍に近い五百五十万票だった。ちなみに言っておけば、詩人のラマルチーヌは惨敗し、わずか一万七千九百四十票（五位）を獲得したにすぎなかった。

大統領に選ばれたルイ・ナポレオンはエリゼ宮に入る。すぐそばに、エリゼ宮の庭園から抜けてゆける、ミス・ハワードのための小さな私邸も借りた。

十二月二十四日、ルイ・ナポレオンはお気に入りの雌馬リジーに跨《また》がって第一師団の兵士たちを閲《えっ》兵《ぺい》した。この晴れの舞台に参加した一台の四輪馬車には、ミス・ハワードの姿も認められた。群集はすぐに気づいた。一人のパリっ子が叫んだ。

——ルイ・ナポレオンに才気がないなんて、いったい誰が言ったんだ。彼はロンドンから連れてきたじゃないか、世界で最も美しい女性と馬を！

やがてフランス国民は知るようになる、大統領の比類のない美貌の愛妾《あいしょう》は若いイギリス女性で、彼女の才気はその優雅さに匹敵する、と。

第四章　結　婚

エリゼ宮を牛耳《ぎゅうじ》っていたのは、大統領ルイ・ナポレオンのかつての婚約者マチルドだった。彼女は、粗暴だが金持のコサック男ドミドフと結婚していたけれども、マチルド皇女と呼ばれ、レセプションも舞踏会も万事を取り仕切っていた。

しかし、ミス・ハワードだけは絶対にエリゼ宮に迎え入れようとはしなかった。ミス・ハワードはこのことで悩み、憤りさえもした。彼女の献身的な努力によって、ルイ・ナポレオンが国家最高の地位についたことを思えば、当然なことであろう。

彼女は大統領に懇願して自由にエリゼ宮に出入りしようと計ったが、彼は迷惑そうに言い訳するだけだった。

――マチルドがあなたを辱めはしないかと、とても心配なんです。あの女は恐ろしいですよ。結婚もしないのに、あなたには恋人と子供があるので、あなたを無視したり、面と向って辛辣《しんらつ》な言葉を浴びせたりするでしょう。その言葉に、あなたはいたく傷つけられるにちがいありません。あなたが侮辱されるのは、見るに忍びないのです。

マチルド皇女は陰険だった。彼女はミス・ハワードをルイに近づけないようにするだけではなく、二人の仲を裂こうと画策する。女に目がない従兄の性格をよく知っていたので、彼にオペラ座通いをすすめ、できたら美しい踊り子との仲を取り持とうと考えた。

クルセル街のマチルドの私邸では、大統領自身の願望もあって、毎日のようにパーティーが開かれた。ながくパリを不在にしていたルイ・ナポレオンには、こうして人間関係を強固なものにしていく必要があったのだろう。

この折にも、ミス・ハワードは完全に無視されていたし、逆に彼女への当てつけからか、いかがわしい女性も何人か招かれていた。

一八四九年四月、いかなる下心があったかは定かでないが、マチルドは自宅でのパーティーに、まだ知り合って日の浅いウージェニーを招待した。

——あの赤毛の美人はいったい何者だ。

部屋に入ってくるなり、すぐに大統領はマチルド皇女にたずねた。

——つい最近、パリから来たばかりの若いスペイン女性、テバ伯爵令嬢ウージェニー・デ・モンティホです。

十分もしないうちに、ルイ・ナポレオンは彼女に色目を使い、暖炉の片隅で口説きはじめた。彼は貪欲《どんよく》な眼差しで、ウージェニーの露わな両腕、肩、優雅な項《うなじ》、いかにも挑発的な胸を眺めまわし

ナポレオン三世がウージェニーを見初めたマチルド皇女のパーティー

た。記録作家のステリは、「彼は目の前に、きれいなクリームケーキを置かれた子供さながらだった」と書いている。

マチルド皇女はルイの欲情を見のがさなかった。彼女の頭には、ミス・ハワードを彼から引き放すことしかなかったので、ここぞとばかりに煽《あお》りたてた。もっとも、のちにウージェニーが皇妃になったときには、このことを大いに後悔した。

二十三歳のウージェニーは美しかった。彼女の「刺戟《しげき》的な魅力」は、その夜、あらゆる男たちの注目の的となった。皇妃の朗読係をつとめたカレット夫人によれば、ウージェニーには「いかなる女性も匹敵しえなかった」という。

鮮明な濃い青色の美しい二つの目は陰影

につつまれ、情感と活力と優しさに溢《あふ》れていました。きわめて小さな口元は優雅さに満ち、歯は輝くばかりの美しさ。顎《あご》は品よく丸みをおび、ややふっくらと、両頬の下部へと細長い楕円《だえん》をなしている。顔色はまばゆく、抜けるような白さ。肩や胸や腕は、またとない美しい彫像を思い出させました。ウエストはしまっていて肉づきもよく、手はほっそりとしていて、足はとても小さい。物腰は限りなくしとやかで、高貴さを漂わせている。持って生まれた気品。自然で、かろやかな足取り。そして何よりもまず、ウージェニーとしての個人と、皇妃としての法人とのあいだに、完璧な調和が保たれているのです。

ルイ・ナポレオンはウージェニーより十八歳も年上だった。短足で無恰好《ぶかっこう》なこの大統領は、お世辞にも女にもてる美男子とは言えなかった。それに、野心家の彼の評判はまことに悪い。メリメは「あの哀れな大統領」としか呼んでいないし、ヴィクトル・ユゴーからチエールにいたる政治家たちはすべて、彼のことを「愚か者」と見なしている。

ジャーナリスト、ルイ・ユルバックの観察はとりわけ厳しい。

顔は暗い。おとなしそうだが輝きもなく、陶器のような色合いの目は、判断力よりは空想力にとみ、空想力よりもさらに夢想するのにふさわしいことを示している……顔色はくすんでいて、顔全体はまるで、どこかうんざりするような野道から飛んできた細かな埃《ほこり》を振りかけたみたいである。彼は豪奢《ごうしゃ》と美しい様式を好む。わたしは贅《ぜい》をつくした豪華さというものを知っている……彼は本当に芸術や才気を好んでいるわけではない。人が彼の一語、警句、表現を引くことを、彼は絶対に許さなかった……彼の最上の喜びは、話をする直前に、それがつねに神託だと思わせることであったろう。大雄弁家でも大作家でもなく、また、大歴史家でも偉大な将軍でもない彼は、大政治家になりえないだろう。なぜなら、人々を操縦するこつは、彼らを感動させ、啓蒙し、判断し、機をみて彼らを動かす能力なしには考えられないからだ。

しかし、ウージェニーのルイ・ナポレオンへの印象は、世俗の評価とはまったく別だった。大ナポレオンの幻影にまどわされていた彼女は、姉のアルバ侯爵夫人に手紙を書いた。

彼はとてもいい方です。彼について皆さんはひどいことを言い、叔父の後継者になろうと、ひそかな野心に燃えていると断言なさいます。事実、私も、あの方には大きな計画があるものと思われます。だが、それは批難されるべきことではないようです。少なくとも、私はそう考えています。

四月のパーティー以来、ルイ・ナポレオンの脳裡からウージェニーの面影は離れがたくなっていた。母親のマヌエラも、このことをすぐに察知した。「ルイは恋におちいっている、ことはうまくいくにちがいない」――彼女はこう確信し、姉娘のパカにも事態の好転を報告した。

容姿の点で、彼には素晴らしいところは何もありません。でも、押し出しは立派ですし、その地位に全くふさわしい人間であることは疑いの余地のないことです。彼は私とも長いあいだお喋りをしました。それは異例のことです。普段、彼は絶対に無駄話なんかしませんもの。

大統領は馬に乗って、足しげくモンティホ家に通いはじめる。それはしばしば不意の訪問だったが、母娘は嫌な顔もせず、愛想よく迎え入れた。

ルイ・ナポレオンはウージェニーを狩やオペラに誘い、見事な花束をとどけた。まさに女に尽くすナイトさながらだった。しかし、最終的な快い返事は何も得られなかった。

六月になると、大統領は母娘をサン=クルーの館に招待した。そこはかつての離宮で、ルイが夏をすごすところである。

マヌエラとウージェニーは、大統領から差し向けられた馬車でやってきた。だが、着いてみると、二人は一抹《いちまつ》の不安に襲われた。鉄格子《てつごうし》の大門は閉ざされ、館の窓々は暗かったからだ。

気配を察した侍従のバッチョッキ伯爵が、いぶかる母娘の気をしずめようと努力したけれども、女性たちの不安はつのるばかりだった。

ルイ・ナポレオンは、庭園の一角にある四阿屋《あずまや》で待っていた。

マヌエラもウージェニーも、招待客が自分たち二人だけというのが、どうにも解《げ》せなかったので、バッチョッキ伯爵にきいてみた。

——私たちは舞踏会にお招きいただいたのじゃないのかしら。

伯爵はいささか当惑しながら、今夜のパーティーは、四人だけの「仲間うち」のものだと答えた。ウージェニーは憤激し、いっそう警戒心を強くした。

気まずい雰囲気が漂う。ルイは何とか和《なご》ませようとしたが駄目だった。

彼は母娘《おやこ》を散歩に誘い、ウージェニーに腕を差し出した。侍従は母親の相手をするつもりだった。ところが、ウージェニーは大統領に向って大声をあげた。

——殿下、母はあちらですよ！

赤恥をかかされたルイ・ナポレオンは、庭園を一周するあいだ、母親に腕を貸さねばならなかった。

ヴァンドーム広場の自宅に戻ると、大統領に幻滅したウージェニーは、その日の出来事をパカに知らせた。

殿下のご好意には全くがっかりいたしました。当初はすばらしい友情——それはご好意の兆《きざ》しでもあったでしょう——と思っておりましたのに、彼にはそれ以上の色事の欲望しかなかったのです。彼の招待を受けたとき、母も私も、それは彼が私たちに払ってくれた敬意の表れと思っていました。だが、実際には何と奇妙な敬意のしるしでしょう！　あなたはきっと私にこう言うでしょう、私は軽はずみすぎるか、少なくとも、あまりにも世間知らずだと。またまた、妄想に一杯食わされたのね！と。私は、もうどうしていいのか分かりません、涙を流し、さらに泣きつづける以外に……

この手紙を読んだパカは怒りを爆発させ、妹にかわって母親の責任をきびしく追求した。マヌエラも自分の失態を認め、心の底に一縷《いちる》の望みを託しながら、この婚約の解消を予感しないではいられなかった。

そして、ここはパリを立ち去るのが得策と考え、娘を連れて湯治場スパに身を寄せた。ウージェニーはここでワルツを踊りまくり、淫猥《いんわい》な大統領のことを徐々に忘れていった。

しかし、貪欲きわまりない大統領のほうは、花の盛りのアンダルシア娘の魅力が忘れられなかった。彼は腹心のバッチョッキ伯爵に命じて、彼女の情報を集めさせた。

十月はじめに、マヌエラとウージェニーはパリに戻ってくる。二人は元警視総監ドレセールの妻から、大統領がウージェニーのことを諦めきれずにいることを知らされた。ドレセール夫人は伝えてくれた。

——一週間前に、私たちはエリゼ宮のレセプションに招かれました。あなた方との親しい間柄をごぞんじな殿下は、いつ頃あなた方がパリに戻ってくるかを知っているか、と私にお尋ねになりました。

　こんなドレセール夫人の言葉に、ウージェニーは悪い気がしなかった。マヌエラのほうは娘以上に興味深く、ほっとした気持で聞いていた。「じゃ、まだ脈はある」——これが彼女の偽らざる気持だった。

　一八四九年の大晦日《おおみそか》に、マチルド皇女は新年を祝う夜会を開いた。この祝祭にルイ・ナポレオンもウージェニーも招待されていた。

　午前零時の鐘が鳴った。前もってルイ・ナポレオンと示し合わせてあったマチルド皇女が、声を大きくして叫んだ。

　——午前零時です！　皆さん、抱き合ってください！

　ルイ・ナポレオンはウージェニーを目指して飛んでいった。が、彼女はルイの急襲を巧みにかわし、ソファーの後ろに避難した。

　ルイは口ごもりながら言った。

　——これはフランスの習慣なんですよ。新年のために抱擁《ほうよう》し合うのです。

　ウージェニーは青い視線を冷たく注ぎながら答えた。

　——スペインでは、そんな習慣はございません。でも、ともかく新年おめでとうございます、とだけは申しあげておきましょう。

　またしても大統領の計画は失敗だった。「寝床を行火《あんか》で暖めるには、せいてはならない」（ステリ)。あまりにも性急すぎた彼は、すごすごと引きさがった。

数日後に、マヌエラとウージェニーはスペインに帰っていった。

しかし、二人にとっても、大統領との縁談が完全に立ち消えになってしまうのは気がかりだった。ルイの嫌らしい仕打ちはともかくとして、その地位や肩書には少なからぬ未練もあったのだろう。よってウージェニーは、大統領の情熱が冷却しきってしまわないために、手紙を書き送った。返事はすぐにきた。こうして二人のあいだに文通がはじまる。ウージェニーの見事なフランス語は大統領の心をふたたび捕えた。

といっても、ボードレールの友人アルセーヌ・ウーセによれば、ウージェニーの手紙はすべてメリメが代筆したものであるという。してみれば、彼女のフランス語が見事であったとしても、少しも驚くにあたらない。ウーセはこう語っている。

> 最初の手紙はルイ・ナポレオンをびっくりさせ、二通目は彼に憧れを抱かせた。三通目は情熱を燃えたたせ、四通目は我を忘れさせた。メリメはこのアクション小説を楽しんだのだ。彼は人の心をつかむ技を実力以上に発揮した。

一八五〇年の初頭から、ウージェニーは母とともにセビリャを旅行した。それから、スパやヴィースバーデンにも滞在した。

ヴィースバーデンでは、パカから子供を宿したことを知らされた。ウージェニーは姉の妊娠を心から喜び、「この世でお姉様より幸せな女性がいるでしょうか？」と、返事に書いている。しかし、そのすぐあとには、「そんな陰りのない幸福は、私をおびえさせました」と、微妙なニュアンスを含む言葉を記している。彼女の心の痛手は、まだ癒《いや》されていなかったにちがいない。

フランスの政情は不穏だった。

大統領となったルイ・ナポレオンは、オディロン゠バローを首班とする秩序党の新内閣を認可したが、この反動内閣は、言論、集会、結社の自由をきびしく取り締まった。労働者階級に支持された山岳党の反対運動も、シャンガルニエ将軍の指揮するパリ警備隊によって鎮圧されてしまう。秩序党も正統王朝派とオルレアン派とに分裂し、熾烈《しれつ》な抗争を繰り返す。

一八五〇年三月には、反共和主義の立場から、カトリック僧侶の教育参加を認める新教育法「ファルー法」が議会を通過する。

五月には新選挙法が成立、普通選挙は廃止される。秩序党は労働者から選挙権を奪うべく、約三百万人の選挙権を剝奪《はくだつ》する。こうして二月革命の理想は、次第に一掃されていく。

秩序党が反動政策を推進し、民衆の不満が高まっていくなかで、ルイ・ナポレオンは巧みに彼らの心をつかんだ。ここでも役に立ったのは祖父の後光だった。彼は各地をまわり、腹心の者たちを使って「ナポレオン的観念」を鼓吹した。

結果は上々だった。腐敗政治に嫌気がさし、英雄を待望するようになっていた国民各層に、ナポレオン熱が充満したからである。秩序党は来るべき大統領改選におけるルイの再選阻止と、王政復古を目論《もくろ》んでいたけれども、内部分裂に苦しむ彼らには、もはやその実力はなかった。

一八四九年十一月四日、パリ警備隊の閲兵《えっぺい》式の折、兵士たちは口々に叫んだ。

――皇帝万歳！

これは三十四年間、人々が耳にしなかった叫びである。数日後には、馬で散策をしていたルイ・ナポレオンがマリニー通りに姿をみせたとき、この同じ叫びが今度は労働者たちのあいだから湧きあがってきた。

こうした気運に気をよくしたルイ・ナポレオンは、一八五〇年になると、ますますキャンペーンを激しくする。「皇帝万歳！」の声は、フランス全土にひろがった。

共和国憲法は大統領の再選を禁じていたので、ルイ・ナポレオンの任期は一八五二年をもって終るはずだった。抜け目のない彼は軍事力を掌握し、任期延長をはかった。そして、野心を成就させるためにクーデタに踏みきった。

マクシム・デュ・カンはこう回想している。

いかなる党も強力ではなく、外見は無気力で口数の少ないこの男を失墜させることができない。彼は固定観念に支えられ、偏執者の執拗さをもって、その実現を追いつづける。演説家どもには勝手に喋らせ、ジャーナリストたちには好きなように書かせておく。代議士連中には口論させ、解任された将軍たちの攻撃をゆるし、議員派閥のリーダーたちの非難もどこ吹く風。彼はひとり、黙ったまま、ポーカーフェイスをきめこむ。政敵たちは彼を愚か者呼ばわりし、ひと安心する。エリゼ宮に閉じこもった彼は、長い口ひげをひねり、煙草をくゆらし、うなだれて大樹の木陰を歩きながら、あらゆる怨恨《えんこん》にじっと耳を傾け、自分の計画を練りあげる。

こんな風にして政敵たちを安心させ、油断させたルイ・ナポレオンは、一八五一年十二月二日、クーデタを決行した。その日はちょうど、アウステルリッツの三帝会戦（一八〇五年）において、大ナポレオンが輝かしい勝利をおさめた記念日であった。

新政権は武力を行使して議会を解散させ、パリには戒厳令が布《し》かれた。国会議員だった詩人のユゴーは抵抗委員会を組織し、ルイ・ナポレオンの暴挙に抗議をした。十二月四日には激しい市街戦となり、多数の死傷者も出た。

結局は、すべて軍隊によって鎮定され、約二万七千人の共和主義者たちが逮捕された。その多くは不潔な流刑船の船倉に押しこまれ、アルジェリアや、南アメリカ北東部にある仏領ギアナのカイエンヌに追放された。

ユゴー自身もパリを追われ、十九年間の亡命生活を送らねばならなかった。彼は『懲罰詩集』のなかで、ルイ・ナポレオンを罵倒《ばとう》している（「四日の夜の思い出」）。

ムッシュー、ナポレオン、それが奴の本当の名前、
貧乏人のくせに、君主でもある。宮殿が好きなのさ。
奴にはふさわしい、馬や召使いをかかえ、
賭博《とばく》に金をそそぎ、宴会や閨房《けいぼう》や
狩猟に現《うつつ》をぬかすのが……

ユゴーだけではない。二月革命以後、急激に政治熱が冷めてしまったボードレールも、「また一人ボナパルトめが、何たる恥辱！」、「要するに、歴史ないしはフランス人民に対するナポレオン三世の大きな名誉は、どんな得体の知れぬ人物でも、国の電信局と印刷局を奪取さえすれば、一つの大国家を支配しうる、ということを立証したことだろう」（『赤裸の心』）と、嫌悪《けんお》感を露骨に示している。

「得体の知れぬ人物」ルイは、恐怖政策によって世論をおさえ、十二月二十日には、クーデタによる新政体を強引に承認させる。

翌五二年一月には新憲法が発布され、大統領の任期は十年に延長される。さらにこの年の十一月には、人民投票による世襲帝政の賛否が問われ、時流にのったルイ・ナポレオンは圧倒的な勝利をおさめる。

ナポレオン三世

そして十二月二日、ナポレオン一世の戴冠式、アウステルリッツの勝利、前年のクーデタの成功と、三つの輝かしい事柄を記念する日に、ルイ・ナポレオンは「ナポレオン三世」を名乗り、帝政を布告した。

こうしてフランスの第二共和政は終《しゅう》焉《えん》し、ナポレオン一世以来、わずか四十年たらずでふたたび帝政が復活する。

祖国スペインで五一年十二月の政変を知ったマヌエラとウージェニーは、その翌年の春にパリに戻ってきた。

二人は二年前と同じように、ヴァンドーム広場の質素なアパルトマンに身を落ち着ける。一八五一年五月十日付のパカ宛の手紙で、ウージェニーはこう書いている。

私たちはパリに着きました……当然のことながら、ママは今朝から、もう買物に出かけています。パリに来ると、彼女はじっとしていられないんですものね……私たちの、ヴァンドーム広場十二番地のアパルトマンは快適です。大きな中庭に面していて、物音はまったく聞こえません。まるで田舎にでもいるようです……

マヌエラはサロンやブティックを駆けめぐり、ウージェニーはひとり水彩画に没頭する毎日だった。訪問客も稀だった。煩《わずら》わしさのないこんな生活が、ウージェニーには快かった。

ところが五月十六日の夜に、マヌエラがいささか興奮して帰ってきた。

――あすの晩、私たちはマチルド皇女にご招待されたのよ。あなたも、きれいにおめかししなくちゃね。

ウージェニーは心からこの招待を喜んだわけではない。マチルド皇女のパーティーは、決して楽しいものではなかったからだ。重くのしかかってくるようなあのマチルドの視線、通りすがりに耳に入ってくる内証話、取りすました頰笑《ほほえ》み、すべてがウージェニーの自尊心を傷つけ、気にさわるのだった。

娘の複雑な感情とは裏腹に、母親のほうは有頂天だった。「きっと大統領もお見えになるにちがいない。そうすれば、ひょっとして……」。彼女は期待に胸を大きくふくらませた。

しかし、その夜、ルイ・ナポレオンはなぜか姿を見せなかった。あまりの期待はずれに、マヌエラはがっくりと落胆した。

ところが次の日の朝、ウージェニーのところに立派な花束がとどいた。花束には短かな手紙もそえられていた。

どうかこれらの花々が、あなたに申し伝えますように、あなたは忘れられておりません、と。

ルイ・ナポレオン

ウージェニーは慎重だった。二度にわたってルイに味わわされた苦い経験が自然にそうさせたのだろう。それに移り気な彼のこと、ミス・ハワードとの撚《よ》りがいつ戻るかわからなかったし、異父弟モルニーとマチルド皇女の圧力に屈して、どこか外国の王女とでも結婚するかもしれない……よってマヌエラがロンドン行きを考えたときにも、ウージェニーは素直に同意した。

マヌエラにとってこのロンドン旅行の目的は、もちろん娘の売込みだった。彼女は大統領との縁組を諦めたわけではなかったが、それに匹敵するような良縁を探したかった。

ロンドンに姿を見せた「華麗なグラナダ娘」は、予想どおり、あちこちで歓迎された。総理大臣マームズベリーは彼女の美しさを讃嘆し、ヴィクトリア女王に、「あのような方が、どなたか然るべき方と結婚していないとは、とても信じられません」と進言した。

この進言も結局は無駄に終ったが、ウージェニーはバッキンガム宮殿での仮装舞踏会に招かれ、以後、七歳年上のヴィクトリア女王と親交を結ぶようになる。

マヌエラの計画は実らなかった。旧友クラレンドン卿に会ったとき、彼女は自分の心配事を打ち明けた。

——ウージェニーも二十五歳よ。それなのに、まだ結婚もしないで……

立派な紳士のクラレンドン卿は、やさしくマヌエラを慰めた。

——お待ちになったほうがいい。あの美貌と気立てのお嬢さまには、特別な結婚しか考えられません。

クラレンドン卿は、ルイ・ナポレオンを頭に置いてそう答えたわけではない。だが、マヌエラの頭をよぎったのは、花束を届けてくれた大統領の姿だった。

一八五二年の秋に母娘はパリに帰ってくる。クーデタ前夜のルイ・ナポレオンは政治的野心の実現に奔走していたけれども、ウージェニーのことを忘れてはいなかった。それどころか、彼女と再会したルイは、前にもまして欲情を燃やした。

十一月初旬に、大統領はウージェニーをエリゼ宮に招き、他の客たちを無視して、もっぱら意中の「美しいスペイン娘」とのみ話をした。

——もうどこか他所《よそ》の国に逃げていったりはしないでほしい。

ルイ・ナポレオンは真顔でこう懇願した。といっても、彼が本気で結婚を考えていたかどうかは疑わしい。新しい寵姫《ちょうき》にでもしたい、というのが本音だろう。

ウージェニーはそんな彼の気持を見抜いたかのように、にっこり笑いながら答えた。

——殿下、どうしろとおっしゃるんですか。私は渡り鳥なんですよ……こちらの枝にとまったかと思えば、またあちらの枝に飛びうつり……

十一月十二日、大統領はごく親しい仲間たちだけをフォンテヌブローの離宮に呼び寄せた。母娘が招待されたことは言うまでもないが、ルイのお目当ては、あくまでもウージェニーだった。

大統領は客たちを狩猟に誘った。活発なウージェニーはみんなの先頭に立って馬を走らせたが、その姿はギリシア神話の魅力的な狩猟の女神アルテミスさながらだった。大統領は片時も彼女から目を離さなかった。

ルイ・ナポレオンの誘惑は、次の日も積極的だった。彼はガイドとなって、自ら館のなかをくまなく案内した。そして特別な親近感をこめて、はじめて「ユージェニー」(Ugénie)と名前を口にした。

ウージェニーにはこの発音がおかしかった。思わず笑いだしそうになったが、やっとのことで思いとどまった。このルイの「ユージェニー」は生涯なおらなかった。

十二月十八日、クーデタを敢行して晴れて皇帝の座にすわったルイ・ナポレオンは、コンピエーニュの城で、新体制になってからの最初のレセプションを行なった。

『イリュストラシオン』紙の記者によれば、町は招待客であふれ、木賃宿まで共同寝室として活用され、「食堂にいたっては、八時から午後四時までが朝食、三十人ずつの小集団にわかれた昼食は、五時から始まって深夜に終った」という。

マヌエラとウージェニーは特別な招待客であったから、こんな苦労はしなかったろう。彼女たちには城内の個室が当てがわれた。だが、これが漁色家《りょうしょくか》ルイの取っておきの手段だった。深夜に、ウージェニーは人気を感じて目をさました。思わず叫び声をあげた。するといい、聞きなれた声が耳元でささやいた。

――こわがることはない……わたしだよ。

燃えたつ暖炉のほのかな光のなかに、ウージェニーは貪婪《どんらん》な皇帝の顔を認めた……

翌日、ウージェニーは少々皮肉な微笑をたたえて皇帝に挨拶《あいさつ》した。しかし、彼が申し出た散歩は断わらなかった。

二人は黙ったまま、小道を並んで歩いた。皇帝には前夜の気まずさがあったようだった。突如ウージェニーが足をとめ、感動したように叫んだ。

――ほら、見てごらんなさい。なんてきれいなんでしょう！

彼女はこう言って、太陽に光り輝いている、雫《しずく》をいっぱいつけた一本のクローバを示し、つぶやいた。

――なんと美しい宝石が作られていることでしょう！……

皇帝はにっこりと笑った。

そして、その晩のうちに忠実なバッチョッキをパリの宝石店に送り、「ダイヤモンドを嵌《は》めこんだクローバーの形のエメラルド」を作らせた。次の日、招待者相手の福引が行なわれたとき、この高価な賞品は当然のようにウージェニーの手に落ちた。

年が明ける。元旦に新政府は、チュイルリー宮に支持者たちを招いた。

今やウージェニー母娘《おやこ》は、こうした場合に皇帝と同席する最も重要な客となっている。ところが、内務大臣フォルトゥルの夫人と出会ったとき、「妖婦のような方に場所をおゆずりするわけにはいきません」と、辛辣《しんらつ》な侮辱を受けた。

ウージェニーは蒼白《そうはく》となり、やっとのことで悔《くや》し涙をおさえていた。

皇帝はすぐにウージェニーのただならぬ様子に気づき、近寄ってきて不安げに尋ねた。

——どうしたんだ、ユージェニー?

——陛下、かつてない辱めを受けたのです。明日になったら、母とともにすぐにパリを去るつもりです。

ナポレオン三世は力強く答えた。

——明日からは、もう誰もあなたを辱めたりはしないでしょう。

母娘は皇帝の言葉を信頼してヴァンドーム広場に戻った。

だが、二日たっても三日たっても、皇帝からの朗報はなかった。ウージェニーは次第に苛立《いらだ》ち、従兄レセップスとメリメに相談した。

未来のスエズ運河開掘者は、すぐに決断を下してくれた。

――すぐに発ったらいい、パリとフランスそのものを離れるがいい。そうすれば、ナポレオン三世には、いい薬となるだろう。

ウージェニーもこの意見に賛成だった。

「この男は腹黒だ」と皇帝を呪っていたマヌエラも異論はなかった。

母娘は一言の別れの挨拶もせずにパリを去り、ローマに行くつもりだった。が、メリメにこう窘《たしな》められた。

――だめですよ！　いま発ったりしたら。そんなことをしたら、まるで逃げだしたみたいじゃないですか。宮廷中の物笑いの種になるだけですよ……一月十二日には、チュイルリー宮で大舞踏会がありますよ。あなた方も招待されるでしょう。だからそこに行って、ご自身の口から皇帝に決意のほどをお伝えなさい。

「宮廷中の物笑いの種」となることなどは、誇り高いスペイン気質が許さなかった。二人はメリメの意見に納得した。

一月十二日、ウージェニーはそのすばらしい肩をいっそう引き立たせる、青色のローブ・デコルテで現われた。男たちの視線はいっせいに彼女に注がれる。誰よりもむさぼるように見つめていたのは皇帝だった。

皇帝への挨拶を終え、席に戻ろうとしたときに、母娘は外務大臣ドルアン・ド・リュイの奥方に意地悪された。

――ここはあなた方のお席じゃございませんわよ。こちらのお座席は、大臣の奥様方の予約席ですから。

ウージェニーは何も答えなかった。

その光景を見ていたナポレオン三世は、すぐに飛んできて二人を皇族専用の床机《しょうぎ》に座らせた。

やがて皇帝は、カドリーユの相手を申し出た。ウージェニーは快く受けたが、彼女は踊りながら、パリを去る決意をはっきりと伝えた。

――明日、母とともにイタリアに向うつもりです。

皇帝はどきっとし、危うくつまずきそうになった。彼はウージェニーを自分の書斎に引きずりこみ、動揺した声できいた。

――なぜイタリアに行くんですか?

――私は、あなたの運命にご迷惑をかけたくないからです。人があなたにどう言おうと、陛下、私は妖婦なんかじゃありません。それに、寵姫になることなどは望んでおりません。あなたは約束をお守りになりませんでした。だから、私は出発するのです。

ナポレオン三世はウージェニーの決意の固さにびっくりした。彼女の手を取り、思いとどまってほしいと哀願した。そして、彼女の目から一向に不信の色をぬぐえないことがわかると、ついに止《とど》めの一言を口にした。

――出発しないでください。明日になったら、あなたとの結婚を、さっそくお母様に申し込みますから。

顔には現わさなかったものの、言質《げんち》をとったウージェニーの勝利だった。ただ、優柔不断で、すぐに前言を取り消すかもしれないナポレオン三世の性格をよく知っていたので、彼に母親宛の手紙を書かせた。

皇帝は何らためらわずに、ウージェニーの要求を受け入れた。

伯爵夫人様
私は久しく前からお嬢様を愛し、ぜひ妻にと望んでおりました。よって本日、お嬢様との結婚を申し込む次第です。なぜなら、彼女以上に私を幸せにしてくださる方はなく、王冠をつけるにふさわしい方はないからです。もしご同意いただけるものなら、われわれの話合いが決まるまでは、この件のことはお漏《も》らしになりませんよう、切にお願い申しあげます。敬具。
ナポレオン

手紙は翌朝、秘書マカールによってモンティホ夫人のところに届けられた。夫人は欣喜雀躍《きんきじゃくやく》して娘を強く抱きしめた。勝利の朗報は、すぐにパカにも知らされる。

一八五三年一月十五日。親愛なるお姉様へ。

皇帝との私の結婚を、誰よりもまず、あなたにお知らせしたいと思います。彼は非常に高貴で、私に対しきわめて寛大でした。限りなく愛情を示してくださったので、私は今なお感動しているほどです。彼は闘い、それに打ち勝ったのでした。大臣方も同意なさいました。皇帝はこのことを、議会の開会演説において公表するでしょう……

ウージェニーはこの手紙と一緒に、皇帝からの母親宛の結婚申し込みも同封した。

勝利を収めたウージェニーは、確かに表面的には喜びに溢れていた。だが、彼女の心の奥底にくすぶっていた感情は複雑だった。そこには少なくとも、アルバ公爵とアルカニセス侯爵に寄せたような激しい恋の情熱はなかった。

クロード・デュフレーヌの『皇妃ウージェニー』には、ウージェニーが結婚前に、幼少の頃からの友人に打ち明けた言葉が報告されている――「私の心は、自分の夢を実現する一人の娘の心がどきどきするようには高鳴らないのです」。

ウージェニーの夢とは？　皇妃の座か、ナポレオンの幻影か、それとも普通の娘たちと同じような甘美な新婚生活への憧れか。はっきりと断定はできない。

娘以上に皇妃の座を渇望した母親マヌエラでさえも、満足感や喜びとともにマリー・アントワネットの不吉な運命を予感し、ロシュランベール侯爵に不安な気持を訴えている。

私が必ず幸せになりうるか、嘆き悲しまねばならなくなるか、そんなことはわかりません。私の目にいっぱいの涙を見ても、何もわかっていない何人もの母親たちが、今は私のことを羨《うらや》んでいます。ウージェニーは、あなたの国フランスの王妃となりましょう。が、心ならずも私は、王妃たちは幸せではないと思うのです。わが意に反して、マリー・アントワネットの思い出に取りつかれています。娘も同じ運命をたどるのではないかと、とても不安な気持で訝《いぶか》っております。

皇帝の婚約が知れわたると、人々の反応はさまざまだった。異父弟モルニーのようにそれを歓迎し、ウージェニーのためのレセプションに奔走したりする者もいたけれども、大部分の宮廷人たちは露骨に反感を示した。

ウージェニー紹介の労をとったマチルド皇女は、嫉妬心からか、今度は急転して皇帝をなじった。

――陛下、あなたは一か八《ばち》かの危険を冒されるのですね。ヨーロッパは満足しますまい。あなたがフランス女性を選ばなかったことについて、フランスは気をよくしておりますまい。誰かがあなたの結婚に反対する勇気を持っていたにしても、そんなものであなたの意志を変えることができるでしょうか?

クーデタの折に追放された秩序党の代表者チエールは、みんなの先頭に立って冷笑する。

――皇帝は先見の明のある人間だ。結婚によって、失墜したときのためにスペイン大公爵の身分を確保する。

誕生したばかりの第二帝政の基礎を固めるには、ナポレオン三世は然るべき王家の娘とでも結婚することが必要だった。この点ではマチルド皇女をはじめ、取りまき連中の意見は一致していた。それなのに、ナポレオン三世はみんなの期待を裏切り、「わたしはユージェニーを愛している」と宣言し、結婚の意志を絶対に変えようとはしなかった。

この宣言に、プロン＝プロンは激しくテーブルを叩いていきりたち、皇女マチルドは「この結婚は帝政の破滅」と喚《わめ》く。クーデタをともにしてきた忠実なペルシニーまでもが、皇帝の胸ぐらをつかんでどなった。

——あんな売女《ばいた》と結婚するくらいなら、われわれが力を合わせ、あえてクーデタをする必要もなかったではないか……

ナポレオン三世の結婚は、外国人からも好意的に迎えられない。たとえば、オーストリア大使ヒューブナー伯爵は、ひややかに、「自分の気まぐれを満たすためだけのもの」と断言した。

四十五歳の一人の男が、自分の気まぐれを満たすために、恋愛結婚を成立させようと決意する。この男は皇帝となったときに、何にもまして、自国や外国の世論に身を滅ぼす危険を冒してまで、自分の妻を皇妃に変身させようと決意する。このような男は——この点は誰しも認めざるをえまいが——不安をかきたてたりするのに、うってつけなのだ。

内外ともに不評なこの結婚を嘲《あざけ》るように、当然のことながら、パリ市内には戯唄《ざれうた》が流れる。

貞淑さよりも美貌のまさるモンティホ、
皇帝の願いをたっぷり満たす。
今宵《こよい》、奴めが処女の一つに出会うとすれば、
あの美女に、そいつが二つもあったから！

あるいは、ウージェニーの「人参色《にんじん》」(couleur carotte) の髪の毛と、「手癖の悪い騙《かた》り男」(carotteur) の語呂《ごろ》合せが歌われる。

誰にも好みと奇癖はあるものさ。
今は髪の毛が流行色よ。
手癖の悪い騙りには、何ものも
人参色ほどには気に召さぬ。

巷《ちまた》では諷《ふう》刺《し》詩や通俗歌謡が氾濫《はんらん》したけれども、二人の結婚は実際には歓迎されていた。少なくとも労働者、農民、下層ブルジョワジーといった一般庶民は、政略結婚ではなく、自分たちと同じよ

うに恋愛結婚をした二人に親近感を持った。

「ナポレオン三世自身、俺《おれ》たち同様の成り上がりではないか。その男が王族でもない一介のスペイン女性と結婚する。そいつはきわめて民衆的な結婚じゃないか」――これが彼らの論理であり、理窟だった。

のちに彼らは、自分たちの祖父たちが大革命の折にマリー・アントワネットを「オーストリア女めが！」と呪ったように、ウージェニーに「あのスペイン女めが！」と罵声《ばせい》を浴びせることになるが、ロマン派的気分もまだまだ消滅していなかった五十年代の庶民は、皇帝の「民衆的な」結婚を、快く受け入れたのだった。

ナポレオン三世は一月三十日に、ノートルダム大聖堂において式をあげると大臣たちに通告した。大臣たちはこぞって反対した。とくに外務大臣ドルアン・ド・リュイは、外交的立場から、強く異議をとなえた。すると皇帝は、声を荒らげてどなりつけた。

――わたしは諸君に相談するつもりはない。ただ、ゆるぎない決意を諸君に伝えたいと思ったにすぎない……わたしが選んだ妻は、何もかもわが意にかなっている。わたしが予定している栄誉には、彼女こそがふさわしい。わたしはモンティホ嬢と結婚する！

一月二十九日には、夜の九時からチュイルリー宮殿で民事婚――教会で行なわない結婚式――がなされた。ウージェニーはかなり緊張したらしい。翌朝、彼女は姉のパカに速達で事情を知らせた。

ノートルダム大聖堂におけるナポレオン三世とウージェニーの結婚式

昨日の式典は盛大でした。でも、二人で署名をした部屋に入る前に、私はもう少しで気分が悪くなるところでした。皆様と向いあい、少し高くなっている玉座に腰をおろした私が、四十五分間、どんなに辛い思いをしたか、正確にはとてもお伝えできません。ともかく、私は頭につけたジャスミンよりも蒼白でした……

一八五三年の一月三十日は、ウージェニーの勝利を祝うかのように晴れた一日だった。

皇帝夫妻は豪華な四輪馬車でノートルダム大聖堂に向った。沿道は早朝からつめかけた群集でうずまり、家々の窓々は旗や花飾りで一杯だった。が、不思議なことに、熱狂的な歓迎はどこにも見当らなかった。

ノートルダム大聖堂の式典に参列したオー

ストリア大使ヒューブナーは、こう記録している。

午後一時に皇帝夫妻は正面玄関のステップに降りた。そして、パリのあらゆる鐘の音《ね》、遠く鳴りわたるアンヴァリッドの大砲の音を耳にしながら、大きな玄関からおごそかに入場した……教会を埋めつくした大群集は、冷やかで、黙ったままだった。ナポレオンとその未来の伴侶《はんりょ》に対して、歓呼の声は一つとして送られなかった。クーデタの一年後に、この同じ大聖堂で謝恩歌テデウムが歌われたとき、自然発生的に爆発したあの熱狂ぶりとは、なんというコントラストだろう。

式典を無事に終えた皇帝夫妻は、ノートルダム大聖堂からチュイルリー宮に戻り、最初の一夜をサン＝クルーの離宮ですごす予定だった。

ところがここで、思わぬ事件が生じてしまった。エリザベート＝アン・ハワードが、離宮のアパルトマンに居すわり、出てゆこうとしなかったからである。

ウージェニーに結婚を申し込んだとき、ルイ・ナポレオンはこのことをミス・ハワードに知らせるべきか否かと悩んだが、結局、何も知らさずにこの英国女を遠ざけようと考えた。

そこでルイはシルク街の彼女のところに出向き、「公用」と称してロンドン行きを命じた。

――あなたにはロンドンに行ってもらいたい。そこで取引上の問題を検討し、ここにリストをつくってある人々と密かに折衝してほしい。秘書のジャン・モクマールが同行することになりましょう。明日出発してください。

ミス・ハワードは愛する男への奉仕を確信し、喜んで英国へ旅立った。

しかし、颱風のために足止めされたサザンプトンの宿で、ルイ・ナポレオンの婚約発表の記事を読んだ。彼女は蒼白になって泣きじゃくった。

――彼があたしを英国に送り出したのは、こういうわけだったのね！

彼女はすぐにパリに戻る決意をし、急遽シルク街の自宅に帰ってきた。

ところが驚いたことに、家のなかは乱雑をきわめていた。家具という家具はひっくり返され、こわされている。整理簞司《たんす》やライティングデスクの引出しは開けっぱなしで、手紙や書類は床に放りだされたまま。衣装戸棚も同様で、毛皮もレースもずたずたに引き裂かれている。惨状は目をおおうばかりで、ミス・ハワードは唖然《あぜん》として見守るだけだった。

とりわけ彼女にショックだったのは、ルイ・ナポレオンからの恋文がすべて持ち去られていることだった。ここで彼女ははじめて、この邸内の乱雑は押込み強盗などの仕業ではなく、皇帝の命令による家宅捜索であることを知った。陰険なルイは、結婚式の前日に、警察を使って一切のラヴレターを回収し、証拠湮滅《いんめつ》をはかったのだった。

ミス・ハワードは、いつまでも悲嘆に暮れてはいなかった。激しい怒りがこみあげてきた。彼女は皇帝に手紙を送り、「万障繰り合わせて《ばんしょう》」の特別優先謁見《えっけん》を求めた。

小心者のルイは、自らシルク街に出向いてきた。ミス・ハワードはまず皇帝の不実をなじり、それから卑劣な家宅捜索に対する怒りをぶちまけた。

——あなたの仲間を、あたしのところに差し向けたことに感謝しますわ。いつもながらの思いやりで、ああするのが手紙を取り戻す唯一つの方法だとお思いになったのね……あの手紙は命よりも大切で、とても大事にしているものなのよ。あれを返すくらいなら、いっそ命を絶ったほうがましと思っていることぐらい、あなただってご承知のくせに……

ルイ・ナポレオンは耳元まで真っ赤にしながら、何ひとつ抗弁もせず、黙ってミス・ハワードの言葉を聞いていた。

煮え切らない皇帝の態度に苛立ったミス・ハワードは、四項目の条件を提示し、「明晩までの返事を」と確約させて、ルイに帰ってもらった。

彼女がそれまでの献身的努力の代償として要求したのは、次のようなものだった。

一、皇帝は然るべきフランス人の配偶者を当てがうと言うが、未来の夫は自分自身で選択する。

二、いささかの犯罪をおかしたわけでもないのだから、パリから百里の土地への追放は拒否する。サン＝テ＝オワーズに、館と庭園と農園を含む一八四ヘクタールの土地を購入してもらい、そこを隠れ家とする。

三、そこの女主人はボールガール伯爵夫人を名乗るが、この肩書は世襲とすること。

四、彼女の「最愛の養子養女」であるルイとウージェーヌ——この二人は皇帝がハム要塞でヴェルジョ嬢に生ませた私生児だった――の保護は、そのまま彼女が行なうこと。

翌日、ナポレオン三世はすぐに返事をよこした。四項目を承認したうえ、ミス・ハワード個人の所有である肖像画、ブロンズ像、陶磁器も自由に始末できるという一項目がつけ加えられていた。

数日後、ミス・ハワードは荷物をまとめ、サン=クルーの離宮に身を引き、一月三十日の結婚式を恨めしげに見守っていた。新婚夫婦が最初の一夜を離宮にすごしにきたときにも、なお立ち去れないでいたのだった。

結局、皇帝夫妻のほうが遠慮し、サン=クルーの庭園のはずれにある、暖房もないヴィルヌーヴ=レタンの小屋で初夜を迎えなければならなかった。つまり、二人は元情婦に追放されたかたちとなった。これがミス・ハワードの最後の復讐《ふくしゅう》だった。

ミス・ハワードはこの一夜を泣き明かしたという。次の日、彼女はシルク街の自宅に戻ったが、皇帝に別離の手紙を書いた。


陛下、私は出てゆきます。甘んじて、政治的必然のために身をささげましょう。しかし、わが身をある気まぐれの犠牲《いけにえ》とすることには、どうにも我慢がなりません。あなたの子供たちは一緒に連れていきます。新しいジョゼフィーヌよ、あなたの星は、いただいていきます。

ただ、永遠のお別れをするために、最後の謁見をぜひお許しください。それをお断わりなさいませんように、切にお願い申しあげます。

この悲しい最後の謁見は許された。短い時間だった。それを終えると、一人の男の気まぐれのために弊履《へいり》のごとく棄てられたミス・ハワードは、寂《わび》しく宮廷を立ち去っていった。

第五章　第二帝政

ナポレオン三世とウージェニーはヴィルヌーヴ＝レタンに一週間しかいなかった。リュクサンブール宮での上院主催の舞踏会に出席するためもあって、二人はパリに戻り、ウージェニーはチュイリルー宮に身を落ちつけた。

皇妃としてのウージェニーの、期待と不安の入りまじった新たな生活がはじまる。彼女はさっそく姉のパカに手紙を書いた。

昨日から、私には皇妃の肩書が与えられました。私には、二人で喜劇を演じているように思えます……あなたのお宅で皇妃の役をつとめるときには、ごく自然に演じられそうもありません……

上辺は自由奔放に見えても根は意外と生真面目《きまじめ》だったウージェニーは、馴《な》れないこの皇妃役を立

結婚当初のナポレオン三世とウージェニー

派に演じようと努力した。

チュイルリー宮の設備は悪く、暖房も照明も不充分だった。ウージェニーは毎日風呂に入ったが、浴槽まで人力で水を運ばねばならなかった。チュイルリー宮に水道が設置されるのは、第二帝政の末期である。

マドリッド時代から早起きだったウージェニーは、皇妃になってからもこの習慣を守った。そして、忠実なスペイン女の小間使いペパに手伝ってもらって化粧に専念した。髪はお抱えの美容師ルロワにゆわせ、当代きっての婦人服デザイナー、パルミールにその日の衣裳《いしょう》選びをさせる。こうして、やがてヨーロッパで最も優雅で、にこやかな、当代無比の皇妃が作りあげられてゆく。

しかし、ウージェニーの最大の関心事は、宮廷内でいかにして気に入られるかということだった。政府の要人たちは、ウージェニーに好感を持っていなかった。とくに皇女マチルドの態度は露骨だった。彼女は心の底で、本来なら自分がすわったかもしれない皇妃の座を、一介のスペイン女に奪われたという嫉妬《しっと》心を燃えたたせていたからである。

皇女マチルドには、みんながほめそやすウージェニーの美貌がまず気に入らなかった。彼女は愛人ニューウェル・ケルク伯爵に怒りをぶちまける。

――真っ昼間に見れば、あのウージェニーはきれいじゃないわよ。それに、白は似合わないわね。

彼女の剣幕に恐れをなした伯爵は、相槌《あいづち》をうって、こうつけ加える。

――気がつきませんか。あの女はあらゆる赤毛女と同じですよ、少々、体臭が強すぎますね。

――体臭ですって？　つまり、悪臭を放っているってことね！

こう言い放つと、マチルド皇女はやっと満足な笑みを漂わせた。

宮廷内の雰囲気はこんな調子だったので、ウージェニーは政治上の問題には一切口を出さなかった。そうした煩瑣《はんさ》なことは、すべて夫と大臣どもにまかせた。内閣はもちろんのこと、立法院、ジャーナリズム、軍隊、警察、司法行政諸機関、すべてが皇帝の支配下にあったので、ウージェニーはもっぱら「帝国の飾り」であればよかった。もし心配すべきことがあるとすれば、不安な政情がもたらした皇帝暗殺の危惧《きぐ》だけだった。

ウージェニーのこうした慎重さにもかかわらず、彼女への中傷は激しかった。

皇帝のいま一人の従姉、大ナポレオンの弟リュシアン・ボナパルトの娘ソルナ伯爵夫人は、ウージェニーを《精神異常の赤毛娘》と呼び、ブリュッセルで「あるスペイン女の結婚」と題する誹謗《ひぼう》文書を公《おおやけ》にさせた。この小冊子はすぐにフランスにも入ってきた。幸い警察の手によって押収されはしたものの、弥次馬《やじうま》どもの好奇心をかりたてたことも事実だった。

ウージェニーは一八五三年の二月末に妊娠した。すると、これがまた中傷の種となった。情報通と称する連中が、この子供は結婚前にできたものだ、と言いふらしたからである。しかし、足をふみはずして四輪車から転がり落ちたのが原因か、結局、ウージェニーは流産した。

この流産を誰よりも喜んだのは、ナポレオン公プロン＝プロンだった。ナポレオン三世に世継ぎができなければ、当然帝位は自分のところに舞いこんでくるからだ。それに、彼のウージェニーへの憎しみは姉のマチルド皇女以上のものがあったから、ここぞとばかりに《スペイン女》への敵意をむき出しにする。思わずウージェニーは、《オーストリア女》と蔑まれたマリー・アントワネットの運命に思いをはせた。

彼女を悩ませていたのは、宮廷内の中傷や誹謗だけではない。そこに漂う淫靡《いんび》な空気は、目を覆うものがあった。ギイ・ブルトンが引用しているオラース・ド・ヴィエル＝カステル伯爵の『回想録』は、こう伝えている。

　女性たちの貞淑さについていえば、その情報を求める人々に、ただ一つの返事しかできない。彼女たちは劇場の緞帳《どんちょう》にじつによく似ている、と。毎晩、彼女たちのペチコートは一度ならず、三度もまくりあげられる。

女たちはもう男どもだけでは満足しない。同性愛が彼女たちのなかで大繁盛している。

今や人々は官能によってしか生きていない。気まぐれな官能を満足させうるものなら、人々は何も拒みはしない。

男色はもはや嫌悪されない。キュスティーヌ侯爵は、きわめて愛すべき男として迎えられている。

あなたが憐人の悪徳を侵害しないかぎり、彼はあなたの悪徳を尊重するだろう。

社交界の会話は、思考の淫蕩《いんとう》さをぼかさない。女性たちは婉曲《えんきょく》な話、つまり、きわどい話に夢中になる。ただし、まともな言葉で話をする。そうすることによって、自分たちの育ちのよさを僭称する。

こんな「淫蕩地獄」の宮廷に、無邪気で純情なウージェニーはびっくりし、あきれはてた。しかも、頼みとする夫のナポレオン三世は、腹心のモルニー公爵とぐるになって、この地獄の主役を演じる。

ウージェニーは礼儀正しく、ナポレオン三世には「陛下」とか「あなた」といった言葉を用いたのに、相手は人前でも「ユージェニー」と口にし、「お前」呼ばわりした。かなり下卑《げび》た言葉も平気で使い、彼女の顔を赤らめさせるような猥談《わいだん》もしばしばだった。

結婚して数日後に、たまりかねたウージェニーは友人のセシル・ドレセールを訪ね、いたく羞恥《しゅうち》心《しん》を傷つけられた苦しみを打ち明けている。

——肉体的な愛とは、なんと穢《けが》らしいものでしょう！…… それにしても、男の人たちの頭には、どうしてそのことしかないのでしょう？

ウージェニーが嫌悪したこの「穢らわしさ」を誰よりも頭に充満させていたのは、皮肉なことに夫のナポレオン三世だった。

二人の甘い新婚生活は三ヵ月とつづかなかった。一八五三年三月にチュイルリー宮で仮装舞踏会が催された頃には、ナポレオン三世は完全に「鶏舎のそばで待伏せする野狐」に戻ってしまっていた。

この夜も彼が食指を動かしたのは、大胆に臍《へそ》まで見せつけて海の女王アンフィトリテに扮した若い女だった。ウージェニーは夫のそばで眉《まゆ》をひそめ、つぶやいた。

——肩を見せるのはいいわ。でも、お臍まで見せる必要はないじゃない！

しかし、ふたたび漁色家の本性をむきだしにしたナポレオン三世に特効薬はなかった。彼は女ならば誰でもという種馬のような男だったので、あらゆる機会を狙って女を追いかけまわした。

宮廷内だけではない。バック街に小さな私邸を借り、そこに女たちを囲った。夜になると、彼は青のフロックコート、足にかける紐《ひも》つきの灰色のズボン、ブルジョワ風の帽子、手には犀《さい》のステッキといった出立ちでそこに出かけ、日替りメニューのように女たちを賞味した。女優、小娘、侍女、社交界の女性、高級娼婦……

また、流産をして失意のどん底にいるウージェニーの気持などは少しも察せず、いつしかミス・ハワードとの関係も元に戻っていた。このことはウージェニーの苛立ちを倍化した。こんな記録が残されている。

皇妃はきわめて大きな悲嘆に打ちひしがれている。その原因は、子供ができない苦しみであり、夫によってもたらされた内面的な悲しみである。A嬢も非常に問題だ。彼女たちはさしあたって、皇帝がお気に入りの対抗馬である。それに、友情へと変ったものの、ミス・ハワードへのかつての情愛は相変らずつづいている……

ミス・ハワードの出現には、忍耐強いウージェニーも我慢できなかった。彼女は激怒した。皇妃の座を擲《なげう》ってフランスを去る決意をし、皇帝に寝室に入ってくることを拒否した。

厚顔なナポレオン三世も、この通告には少なからぬ衝撃を受けた。世継ぎを得るためには、絶対にウージェニーが必要だったからである。やむなく彼は、未練をたっぷり残しながらミス・ハワードを説得し、やっとのことでロンドンに帰ってもらった。

ミス・ハワードのロンドン帰還には、五月になって徴候をみせたウージェニーの再度の妊娠も役立った。したたかな英国女も、世継ぎの誕生には勝てない。彼女は一切を諦めて母国に戻り、同郷人と結婚した。

新たな妊娠は、ウージェニーにとって一筋の光明だった。それなのに、三ヵ月後に彼女はまた流産した。口さがない宮廷人どもは囁《ささや》きあった。

——もう皇太子は絶望的かもしれない！

ナポレオン三世は落胆し、高名な産科医ポール・デュボワをチュイルリー宮に呼びつけ、皇妃の診察を依頼した。けれども産科医はこの畏《おそ》れ多い診察を辞退し、熟練した助産婦にまかせた。

次の日、助産婦は宮廷に参上し、はっきりと断言した。

——陛下、異常はございません。


国内でこんな茶番が演じられているうちに、国外は予断を許さない情勢となっていた。中欧ではイタリアとドイツの民族統一運動が活発となり、東欧ではポーランドの独立運動がくすぶりはじめる。近東ではトルコとロシアが聖地エルサレムの管理をめぐって対立している。ヨーロッパにおけるフランスの制覇を夢みているナポレオン三世にとって、いずれも無関心ではいられない問題だった。

クリミア戦争

一八五三年の春、ロシアはついに軍事行動をおこし、トルコを攻撃した。

フランスはカトリック教の保護と、ロシアの南進政策阻止のためにイギリスと同盟し、一八五四年三月にロシアに宣戦を布告する。こうしてクリミア戦争は勃発した。

史上に名高いセバストポリ要塞の攻防戦はこの年の十月にはじまり、翌年九月に英仏同盟側の勝利をもって終り、二年に及ぶクリミア戦争にも終止符が打たれた。

この戦争はフランスに、なんらの物質的利益ももたらさなかったが、国威の宣揚と、ナポレオン三世の名を高からしめるためには大いに役立った。一八五六年四月の講話会議がパリで開かれたのはその一つの証《あかし》であろうし、平和条約締結にあたっても、フランスは主導権をにぎった。

皇帝になる前にルイ・ナポレオンはボルドーで講演し、「帝国、それは平和なり」と大見栄をきったことがあったが、野心に燃えた彼の「帝国」が目指したのは「平和」ではなく、弱小民族を制圧していく「戦争」だった。クリミア戦争以後、自信を得たナポレオン三世は、シリア、イタリア、アルジェリア……へと、野望のおもむくままに手をのばした。

クリミア戦争は、皇妃となったウージェニーが最初に体験した国際紛争だった。

といっても、政治外交の問題に関しては聾桟敷《つんぼさじき》に置かれていたから、本質的にはウージェニーの関与しない戦争だった。開戦前の姉パカ宛の手紙（一八五四年二月）には、戦場に送られる兵士を憐れみ、「まるで自分自身の息子」の姿を見る思いがすると書いているものの、所詮は一般大衆と同じく、「現状では止むをえないこと」ぐらいの認識しかなかった。

ただ、彼女の魅力は、戦時下に開かれたレセプションや舞踏会では大いに役立った。とくに、それまではナポレオン三世のことを「チュイルリーの成り上り者」と軽蔑していた英国の高官たちを懐柔したり、オーストリア大使ヒューブナーを籠落《ろうらく》する国家的使命は充分に果たした。

戦争がはじまると、ナポレオン三世はフランス北方の港町ブーローニュに出かけ、クリミア半島へと向う出征兵士を送った。しかし、ウージェニーは健康を害していたこともあって、夫と行動をともにしなかった。

ウージェニーは夏の休暇をビアリッツですごした。保養地として名高いこの大西洋に面した海岸はスペイン国境に近かったので、彼女を大いに喜ばせた。華麗な「ウージェニー荘」（ヴィラ・ウー

ビアリッツの「ウージェニー荘」

ジェニー）も建ててもらった。そこではチュイルリー宮とは異なり、一切の礼儀作法は不要だった。夫のいない気ままな生活を送ることができた彼女は、当時流行の交霊術に熱中し、交霊円卓にへばりついて戦況を占った。だが、彼女を不安にしたのは膠着《こうちゃく》状態となった戦況ではなく、夫の不行跡だった。

セバストポリの攻防戦は予想を許さなかった。戦争が長びくと、英仏同盟軍の損害も次第に憂慮すべきものとなった。参謀本部は無能をさらけ出している。残された手段は、ナポレオン三世自身が戦場におもむき、陣頭指揮をすることだった。

一八五五年四月、打開策を協議すべく、ナポレオン三世はロンドンに招聘《しょうへい》された。もちろん、ウージェニーも一緒だった。二人はウィンザー宮殿で盛大な歓迎を受けた。

ヴィクトリア女王はウージェニーに好感を持っ

た。「非常に神経質だが、きわめて優雅な女性」と思ってくれた。とはいうものの、そのあまりの政治的無知と無関心には、びっくりさせられた。六十四年にわたって女王の座に君臨し、英国史上「最も輝かしい時代」を築きあげた彼女のような女傑には、流行とか、つまらぬ雑事にばかり気を取られているウージェニーが、皇妃としてもの足りず、無気力な女性としか考えられなかったのだろう。

女王の従妹コバーグ侯爵夫人は、ウージェニーのことをこう語っている。「彼女は皇妃でも皇女でもない。だが、まさに魅力的で理想的な女性である」。これはまた、ヴィクトリア女王から見たウージェニーの実像でもあった。

といっても、女王はウージェニーを蔑《さげす》んだのではない。礼儀正しく、親切に応待した。政治的無関心についても、敢《あ》えて忠告したりはしなかった。ただ、二度の流産に悲しんでいるウージェニーに同情して、ロンドンでナポレオン三世に密かにこう示唆した。

——それは簡単なことよ。皇妃の腰の下にクッションを一枚入れることね！

この助言の効果があったのか、六ヵ月後にウージェニーは妊娠した。

ロンドン訪問をなし終えてパリに戻ると、ナポレオン三世はクリミア出陣の準備をはじめた。しかし、彼のクリミア行きは、四月二十八日の事件で取りやめとなった。

その日、ナポレオン三世はブーローニュの森に行くために、馬でシャン＝ゼリゼ通りを抜けようとした。そのとき一人の男に狙撃されたのである。幸い弾《たま》は当らず、暗殺未遂事件に終った。皇帝は冷静さを失わなかったが、ウージェニーは動転し、泣き、喚《わめ》いた。

犯人はピアノリと名乗るイタリア共和派の人間だった。彼の犯行は、オーストリア支配に代るナポレオン三世のイタリア進出を阻止するための行動だった。ピアノリは捕えられ、死刑を宣告された。ウージェニーは夫に犯人の恩赦を願ったが、国是《こくぜ》はそんな嘆願などは受けつけない。ピアノリは死刑台に送られた。

クリミアでの戦争は、一年以上もつづいていた。そんな最中に、一八五五年の五月十五日からパリの万国博覧会が開かれる。

万国博覧会は他国に先んじて産業革命を達成したイギリスやフランスが、その国威と経済的発展と、未来の文明を誇示するために開催した一大デモンストレーションである。第一回は一八五一年、ロンドンのハイド・パークで行なわれている。ボードレールが散文詩「けしからぬ硝子屋《がらす》」で皮肉っている「水晶宮」は、この記念すべき博覧会の呼びものであった。

そして四年後、今度はイギリスと競うようにして、フランスでは最初のパリ万国博覧会が開かれる。出品者二万八百三十九人、入場者五一六万人を数える盛況だった。

開会式は、新開発されたシャン＝ゼリゼ大通りに建てられたモダンな鉄鋼づくりの産業宮殿で行なわれる。クリミアでは血腥《ちなまぐさ》い死闘が繰り返されているのに、皇帝はホールの特設玉座に腰をすえ、「未来への門戸を大きく開く」という意志を誇らしげに披露した。式典は『ウィリアム・テル』の大詰めのマーチで終了した。

世紀の大祝祭の幕開きである。国民も外国からの観光客も、誰もが工業化時代の魔力に陶酔し、興奮する。産業宮殿がそびえ立ち、珍しい驚異の物品や見世物が繰りひろげられるシャン＝ゼリゼ大通りは、物見高い連中をひきつけて放さない。劇場には、明るく快活な歌が充満する。『椿姫』のアリアの歌詞、「楽しんで、快楽を無我夢中で遊びまわって死んでゆく！」とは、狂乱の第二帝政の合言葉である。

ジャック・オッフェンバックは、この時代の象徴的な音楽家だった。彼はナポレオン三世とともに登場し、「シャン＝ゼリゼのモーツァルト」と自称した。

万国博覧会に便乗して、皇帝の異父弟モルニーの庇護を受けたオッフェンバックは、「ブーフ・パリジャン」という小劇場を開いた。彼はここを根城に時代の寵児となった。その音楽の魅力を、評論家ハロルド・C・ショーンバーグはこう語っている（『大音楽家の生涯』亀井旭・玉木裕共訳）。

オッフェンバックの音楽は、（ユダヤ人という）彼の人種的背景にもかかわらず、シュトラウスの音楽がウィーンそのものであったのと同じほどに、フランス的であった。それは明確で、混乱も感傷性もなく、鋭くて古典的であった。時代の軽薄さを反映しているにせよ、極度の機知と洗練されたスタイルがあった。どんな音楽でも、独創性がなければ後世に生き残ることはできないが、オッフェンバックは往々にして、拙速主義で紋切り型の作品を書いたものの、すぐれたメロディーを創造できる瞬間があった。

六月になってウージェニーは妊娠に気づいた。二度も流産をしていたために、喜び以上に不安が大きかった。

今度はウージェニーも慎重だった。プロン=プロンのような、彼女の妊娠を喜ばない人間もいたので、人目を避けるためにクリノリン（たが骨スカート）を着用した。

クリノリンは十六、七世紀に流行したヴェルチュガダン（腰当てで膨らませたスカート）や、十八世紀のパニエ（輪骨入りスカート）を踏襲したものであるから、必ずしも時代の創案ではない。むしろ、反動化した時代の復古調モードと言えよう。

1855年のウージェニー

しかし、このスカートはウージェニーのような、首や肩や胸の美しい女性のデコルテと調和し、色気を際立たせるのに役立った。クリノリンは第二帝政を象徴するファッションだったが、それを流《は》行《や》らせたのは皇妃ウージェニーだった。

彼女はこの艶《あで》姿で社交界を優雅華麗なものとし、サルデーニャ国王ヴィットーリョ・エマヌエーレの接待をはじめ、ナポレオン三世の外交政策に少なからぬ貢献をした。といっても、妊娠の身でのこんな仕事は苦役そのものであったから、姉のパカにはこう本音を打ち明けた。

つねに公衆の前に立ち、病気だと言うこともできないのは、とてもつらいことです。でも、私は自分の務めを立派に果したいと思います。

一八五六年三月十六日、枝の主日の日曜日（復活祭直前の日曜日）に、ウージェニーは出産した。鉗子《かんし》の助けを借りなければならない難産だったが、彼女は世継ぎを生み落した。子供はルルーと呼ばれた。これで帝位が絶望的となったプロン゠プロンはいかにも恨めしげだったが、ナポレオン三世は喜びを隠せなかった。側近の誰れ彼の見境なく、接吻してまわった。

パリでは朝から教会の鐘が鳴りわたり、アンヴァリッドは百発の祝砲をとどろかせた。慣例により、出産が皇女ならば二十一発、皇太子ならば百発ときめられていたからである。ウージェニーはこの祝砲に有頂天となり、幸福の絶頂にいる思いがした。

そして四月には、パリで平和条約が結ばれる。黒海の中立化、ドナウ河の自由航行によってイギリスは東地中海における支配権を確立し、フランスはクリミア戦争にも参加したサルデーニャ王国を足場に、イタリアへの進出をはかった。

ナポレオン三世が目をつけたのは、オーストリアの勢力を駆逐し、イタリア解放を実現しようとしているサルデーニャ王国を中心とする「復興《リソルジメント》」（自由・独立・統一）だった。彼はサルデーニャ王国への経済的、軍事的援助をしたが、それと引きかえに宰相カヴールとプロンビエールの密約をし、サヴォワとニースのフランスへの割譲を認めさせた。

しかし、フランスは裏切りをする。

一八五九年四月にサルデーニャ王国とオーストリアの戦争がはじまると、当初はフランス軍も南下してオーストリア軍を破ったものの、プロイセンやイギリスに干渉されると、たちまち密約を反《ほ》古《ご》にし、単独でオーストリアと講和してしまったからである。また、青年時代のナポレオン三世はカルボナリ党員の革命運動にも加担し、イタリア解放には理解もあったはずなのに、法王とフランスのカトリックの不信を買うのを恐れ、サルデーニャ王国の言い分に耳をかそうともしなかった。

カヴール

サルデーニャ王国の外務大臣カヴールは、こうしたナポレオン三世の態度に苛立ち、色仕掛けで皇帝を翻意させようと考えた。相手が稀代《けだい》の女好きであることを承知していたからである。

選ばれたのは「ヨーロッパ一の美女」と謳《うた》われた、ピエモンテ生まれのヴィルジニア・オルドイーニである。彼女は十八歳、トリノで暮していたが、この重大なる使命を責任をもって引き受けた。

オルドイーニの美貌は九歳の頃からすでに評判で、女として男たちをひきつけたという。十六歳

カスティリョーネ伯爵夫人

のとき十歳年上の貴族と結婚し、カスティリョーネ伯爵夫人となった。一児をもうけ、さらにいっそう妖艶となっていた。

カスティリョーネ伯爵夫人はパリ出発の前に国王じきじきの訪問を受け、激励された。

——われわれの計画は、すでにあなたの叔父、シガラ将軍からお聞きのことでしょうが、私自身からぜひお尋ねしたかったのです。少々特殊な方法で、イタリア統一に関わることに奉仕していただけるものかどうかと。

彼女はにっこりとし、力強く答えた、

——承知いたしました、確かに！

一八五八年の年末にトリノを発ったカスティリョーネ一家は、翌五九年一月六日、パリに到着し、カスティリョーネ街十番地の豪華アパルトマンに身を落ち着けた。自分の名前と同じ街に暮すとは何という奇縁だろう！

カスティリョーネ伯爵夫人の出現は、たちまちパリで大変な評判となった。あちこちのサロンで彼女のことが噂となった。

そして一月九日には、夫人は早くも社交界の人間となった。マチルド皇女宅の集《つど》いに招かれ、ナ

カスティリョーネ通りとヴァンドーム広場

ポレオン三世にも会った。皇帝は彼女の肩もあらわなデコルテ姿に見とれ、その魅力に満足したのか、例によって怪しい手つきで口ひげをこねくりまわした。ただ、取り巻きの女たちには、「彼女は美しいけれども才気がない」と虚勢をはってみせた。

つづいて一月十七日には、ナポレオン三世の叔父に当る元ウェストファリア国王ジェローム主宰のパーティーが、パレ=ロワイヤルで行なわれる。ヴィルジニアも夫とともに招待された。彼女が来たのは深夜で、ナポレオン三世がちょうど帰りかけようとしているところだった。皇帝は丁寧《ていねい》に挨拶した。

――マダム、いらっしゃるのが遅すぎますよ。

ヴィルジニアは平然と答えた。

――陛下、そちら様のお帰りが早すぎるのでございます。

この馴れなれしい応答に、周りの人々はいささか度胆《どぎも》を抜かれた。しかし、もうこの瞬間から、ナポレオン三世は完全に美しい伯爵夫人の餌食《えじき》となってしまっていた。その晩、皇帝の寝室係のバッチョッキ伯爵が、さっそくヴィルジニアの名前を、「特別招待名簿」に記入したことは言うまでもない。

ここまでくれば、あとは簡単だった。一月二十九日のチュイルリー宮での夜会に、ヴィルジニアは見事なデコルテ姿を見せつけ、会場の目を見張らせた。彼女の「日記」にはこう書かれている。「皇帝はそばに来て、わたしと話をした。みんなが見ていた。わたしは明るく笑っていた」。

ヴィルジニアは自分の肉体に自信をもっていた。彼女は乳色をしたその肌を際立たせるために黒いシーツにくるまって寝たというし、すばらしい胸の持主だったのでコルセットもつけなかった。その場の目撃者ヴィエル゠カステル伯爵は『回想録』に、「要するに、彼女の二つの乳房は、あらゆる女たちに挑戦状をたたきつけているみたいだ」と書いている。ヴィルジニアは大胆だった。だからチュイルリー宮に出向くときには、思いっきり肉体をさらけ出し、人々の注目を集めた。これには名うての宮廷妖婦たちもびっくりした。が、男たちの欲情を大いにそそり、彼らを喜ばせた。モニー伯爵もそんな一人だった。彼は『回想録』にこう書き残した。

チュイルリー宮でのある仮装舞踏会のことを、わたしは絶対に忘れないだろう。そこに彼女は、古代の女神のように半裸姿で現われた。まさに革命だった。彼女は「退廃期のローマ女」さながらだった……彼女は午前二時頃に、皇妃が席をはずしたあとにやってきて、言語を絶する乱痴気騒ぎをまき起した。みんなは彼女を取りまき、より近くから彼女を見ようと押し合った。女たちは分別をなくし、もはや儀礼作法のことなどは何ら気にかけず、彼女をよりよく観察しようとソファーの上にあがりこみ、男どもは、文字通り陶然としてしまっていた。

皇太子誕生の喜びに浮かれていたウージェニーは、このイタリア女の企《たくら》みがいかなるものであるか、そんなことは全く知らなかった。だから彼女は、夫がサルデーニャ王国との友好のためにカスティリョーネ伯爵夫人をヴィルヌーヴ゠レタンの離宮に招待したいと提案したとき、何のためらいもなく同意した。

六月二十七日、ヴィルジニアのところには皇妃からの招待状がとどけられた。

親愛なるマダム、皇妃の代理として申しあげます。金曜日の夕方、ヴィルヌーヴ゠レタンにぜひお越しください。立ち襟《えり》のローブ・モンタントにお帽子でおいでくださいますようお願いいたします。湖と庭園をめぐる予定ですので。

ヴィルジニアはこの招待状に大喜びした。好機到来とばかりに、彼女は当日、透《す》けるほどに薄いモスリンの服を着こみ、白いハゲコウ（アフリカ・インド産の大型コウノトリの総称）の尾を羽根飾りとした帽子という装いでやって来た。

ナポレオン三世はこの艶《つや》やかさに魅了された。すぐに彼女を湖岸に連れだすと、ヴェネチア風の角灯で飾られた満艦飾の小舟を指さした。

——あれはわたしの舟です。島まで、ひとめぐりいたしませんか？

湖の中央には小さな島があった。

二人はそこで一時間以上もすごした、皇帝の浮気は誰の目にも明らかだった。翌日、ヴィエル゠カステル伯爵はさっそく日記に書きとどめた。

ヴィルヌーヴ＝レタンの宴の最後に、カスティリョーネ伯爵夫人は、小さな湖のまん中の島で、長いあいだ道に迷った。彼女が戻ってきたとき、服は少々皺《しわ》になっていたそうだ。皇妃はある悔しさを隠しきれなかった……

ウージェニーは服装にローブ・モンタントを指定したのに、そんなことは無視されたし、湖めぐりはさらに予期しない一件だった。彼女は顔面蒼白となり、怒りを爆発させた。スペイン風の痴話《ちわ》喧嘩《げんか》を得意とした彼女は、招待客のことなどは頭になく、どなりまくった。

翌日、皇帝の情事はパリ全体に知れわたる。皇帝の渾名《あだな》「バダンゲ」を組み入れた小唄も町に流れた。

伯爵夫人、たちまち
コルセットを取りはずし
バダンゲのベッドめざして
一目散に大急ぎ。
ゲ、ゲ、喜々として

バダンゲのベッドめざして。

この頃から漁色家バダンゲは、命取りとなった尿道疾患に悩まされはじめる。だからといって、彼の欲情がおさまったというわけではない。とくにヴィルジニアの魅力には、どうしようもなかった。ウージェニーは激昂し、ヒステリーを起こす。床を靴で踏みたたいて絶叫もした。「ともかく決めてください、あの娼婦と私のいずれを選ぶかを！」。

カスティリョーネ伯爵夫人の完全な勝利だった。

しかし、「退廃期のローマ女」を彷彿《ほうふつ》とさせるこのイタリア女は、単に官能の喜びにひたっていたのではない。使命に忠実だった。イタリア統一のことは片時《かたとき》も忘れなかった。ベッドのなかでも、巧みにこの問題へと話を持っていき、皇帝ナポレオン三世の反応を窺った。そして、詳細は逐一《ちくいち》、暗号文でトリノの宰相カヴールに報告された。

七月になって、ナポレオン三世は静養のために、湯治場プロンビエールに出かけた。ヴィルジニアはひとりパリに残された。

不可解なカスティリョーネ伯爵夫人の行動に不信を抱いていた内務大臣は、この機会を利用し、ひそかに内偵をはじめた。彼女はあとをつけられ、人との話を盗み聞きされ、手紙も読まれた。にもかかわらず、証拠は何ひとつあがらなかった。

宮廷は毎年、十月半ばから十一月半ばまでコンピエーニュで過ごすことになっている。その折、外交官、軍人、高官など各界の名士がグループ別に呼ばれたが、この「コンピエーニュの祝宴」への招待はきわめて名誉なことだった。

パリに戻ったナポレオン三世は、カスティリョーネ伯爵夫人にも招待状を送った。宮廷は皇帝の無鉄砲ぶりに、いよいよ呆《あき》れはてた。「情婦と皇帝は、皇妃と一つ屋根のもとで生活するのだろうか。いったいウージェニーはどう思うだろうか」——口さがない宮廷人たちは、半ば興味を持ちながら見守っていた。

ヴィルジニアはコンピエーニュの生活を最大限に活用した。昼は愛敬《あいきょう》をふりまいて側近どもの歓心を買い、夜は皇帝に婀娜《あだ》な部屋着姿を賞味させたからである。嫉妬に狂う皇妃などは眼中になかった。

カスティリョーネ伯爵夫人は、公然たる寵姫《ちょうき》の座に君臨した。彼女の頭のなかには、一世紀前にルイ十五世の「娯楽大臣」から、やがて陰の実力者になりあがったポンパドゥール侯爵夫人の幻影が去来する。いや、自分はポンパドゥール侯爵夫人だという妄想に、とらわれていたと言ったほうが正確かもしれない。

こんな分を心得ない自惚《うぬぼ》れは、当然のことながら宮廷人たちの顰蹙《ひんしゅく》を買った。

カスティリョーネ伯爵夫人には、自分の足、ふくらはぎ、手、肩などを写真にとらせ、それをあちこちのサロンに見せ歩く奇癖があった。肉体への自信がそうさせたのだろう。しかもその写真には、臆面もなく自画自讃の言葉が書きそえられている——「生まれにおいて、あたしは最上流階級

メッテルニッヒ公爵夫人

の人々にひけをとらない。美しさにおいては、その人たちを凌駕する。あたしは自分の考えで、その人たちを評価する」。

あまりの増長ぶりに、宮廷人たちは呆れ、憤激する。たとえば、メッテルニッヒ公爵夫人は、悪意をこめて罵倒した。「あの女は度しがたい馬鹿者ね！」

無礼で生意気なカスティリョーネ伯爵夫人には、メリメも我慢できなかった。ある夜、彼はコンピエーニュで人目をはばからずに言い放った。

――彼女ときたら、まったく頭にくる！　あの不作法ぶりはわたしを苛立たせる。しばしばわたしは、あいつのスカートをまくりあげ、平手でお尻をたたいてやりたい。そして、この上ない侮辱を味わわせてやりたい……

しかし、ポンパドゥール侯爵夫人と自認する寵姫の座に収まっているイタリア女に対しては、なす術《すべ》もなかった。それどころか、彼女の計画は着々と実をむすび、イタリア統一という難問にも一筋の光明が見えはじめていた。

そんなときに、カスティリョーネ伯爵夫人には全く不幸な、思わぬ事件が生じてしまった。

四月のある日、皇帝は早朝にモンテーニュ通りの夫人の屋敷から帰るところだった。そして、馬車に乗りこんだところを、三人の暴漢に襲われた。幸い御者が冷静さを失わず、一気に馬車をチュイルリー宮殿まで走らせたので、ナポレオン三世は危うく命びろいをしたのだった。

翌日、三人の暴漢はすぐに逮捕された。三人はともにイタリア人で、革命家ジュゼッペ・マッツィーニの思想に共鳴する青年たちだった。

マッツィーニは一八〇五年生まれ。一八二七年にジェノヴァの大学を終えると、時代の思潮だったロマン主義の影響を強く受け、その理想を文芸評論を通して訴えた。同時に、秘密結社カルボナリに入党した実践活動家でもあった。

ナポレオン三世もかつては民族国家主義者であり、イタリア解放に一役を買っていたけれども、クリミア戦争以後の彼はイタリア統一に理解を示す人間ではなかった。マッツィーニはこの裏切りをきびしく非難する。モンテーニュ通りを襲撃した三人は、そうしたマッツィーニの心酔者だった。

パリにはたちまち流言飛語が飛びかう。

カスティリョーネ伯爵夫人の敵たちは、すぐにこの事件を利用する。三人がともにイタリア人であったことは、何よりも彼らに好都合だった。

——確かにあのイタリア女は陰謀に加わっていたにちがいない……なにしろ、ちょうどあの夜に、皇帝がモンテーニュ通り二十八番地に行っていることを知るには、しっかり情報をつかんでおく必要があったのだから……

カスティリョーネ伯爵夫人が共犯者であったかどうか、事の真相は不明である。ただ、彼女があらぬ噂に悩まされ、皇帝がこの不可解な「イタリア女」との新事実を暴露されることを極度に恐れていたことは、容易に察しがつく。

「イタリア女」は人目を避け、自宅にこもって謹慎していた。彼女は皇帝からの朗報を空しく待っていたが、結局、一年あまりの寵姫の役割もそれまでだった。八月になって三人の刺客たちの公判がはじまると、ナポレオン三世はカスティリョーネ伯爵夫人を説得し、宮廷を去らせたからである。

しかし、夫人はそう簡単には引きさがらなかった。いったんはロンドンへ行ったものの、すぐパリに現われ、ナポレオン三世との撚《よ》りを戻す。皇帝はまだ彼女に未練があったのか。残念ながら、情欲は以前ほど燃えあがらなかったし、それにウージェニーの嫉妬を警戒していたので、秘密厳守を要求した。

それなのに、元寵姫はお喋りで口が軽かった。これが致命的となり、ナポレオン三世の逆鱗《げきりん》にふれた。「秘事をもらした」という他愛ない理由で、さしものカスティリョーネ伯爵夫人も、今度は完全に追放されたのである。彼女は屈辱感に苛《さいな》まれながら、いま一歩だった「使命」の失敗を認め、さびしくトリノに帰っていった。

トリノに戻ったヴィルジニアは、郊外で三歳の一人息子と悶々《もんもん》の日々を送っていた。そんなときに、一八五八年一月十六日の新聞で、二日前の十四日にパリで皇帝夫婦暗殺未遂事件あったことを知った。

オルシーニの襲撃

今回の事件がフランスに及ぼした影響は、前の二回のときより、はるかに重大だった。というのは、この暗殺未遂事件を契機に、皇妃ウージェニーは次第に国事への参加を余儀なくされてくるからである。

一月十四日の夜八時頃、皇帝夫婦は、当時まだル・ペルティエ街にあったオペラ座に向った。馬車が正面玄関に着いたとき、突如、三発の爆弾が炸裂《さくれつ》する。皇帝の四輪馬車が舞いあげられるほどの強烈さで、死者十八人、負傷者百五十人を数えた。

ナポレオン三世は鼻にかすり傷を負い、ウージェニーの白い夜会服も犠牲者の血にそまったけれども、皇帝夫婦は奇跡的に命びろいをした。警察署長ラネが気転をきかし、すぐに二人を劇場のホールに待避させたのがよかったらしい。もしこの処置がなければ、暗殺は成功しただろうと伝えられている。

皇帝暗殺をやりそこねた襲撃者たちは、数時間後に逮捕された。マッツィーニ派の亡命者フェリーチェ・オルシーニを主犯とする四人のイタリア人だった。彼らの政治目的は、教皇支配とオーストリアの占領からイタリアを解放することだった。

オルシーニはかってルイ・ナポレオンの仲間であり、カルボナリ党員としてともに戦った同志だった。それなのに彼ら革命家たちの目からみれば、皇帝に成り上がった現在のルイ・ナポレオンは、教皇の擁護者であり、オーストリア支配の加担者だった。一言にして言えば、ナポレオン三世は裏切り者にすぎなかった。

良心の咎《とが》めからか、ナポレオン三世も昔の同志の裁判には手こずった。オルシーニは獄中から皇帝に長文の手紙を送り、イタリア統一を請願する愛国的心情を訴えた。この嘆願書はオルシーニ擁護派のジュール・ファーヴルによって法廷で披露され、人々を感動させた。ナポレオン三世も愛国者オルシーニの助命を考えたほどだった。

ウージェニーは夫以上にテロリストに同情した。大ナポレオンの第一帝政時代にスペイン人たちがフランスに対して抱いた憎悪の念が心の奥底に甦《よみがえ》り、オルシーニへの思いやりとなって微妙にゆれ動いたからだった。彼女は皇帝に執拗に迫った。

——オルシーニは卑俗な人殺しではありません。誇り高い人間です。私は尊敬します。殺すべきじゃありません。オルシーニを暗殺行為にかりたてたのは、高邁《こうまい》な感情の高まりです。彼は熱狂的に自由を愛し、同時に激しく祖国の圧制者たちを憎んでいるのです。第一帝政との戦いののち、私たちがフランス人たちに抱いた憎悪の気持を、私は今もはっきりと覚えています！

ナポレオン三世は情熱的なスペイン女の弁舌にたじたじだった。彼はやっとこう答えた。

——ユージェニー、お前は二つのことを忘れているね。いまではお前はフランス女性なのだし、ボナパルト家の人間と結婚しているんだよ！

判決が下る十日前にも、ウージェニーは最後の嘆願をしている。

——あなたはあの人間をギロチンにかけるべきではありません！　そう、そんなことをすべきではありません、とくにあなたは！　あなたの寛大さをお示しになれる、これほど絶好の機会はもう二度とありますまい。お願いです。彼に恩赦をお与えください！

すると皇帝は冗談にもならない冗談をとばして、その場を切り抜けた。

——いまやわれわれにできることは、彼を晩餐に招くことぐらいさ！

ナポレオン三世の胸中には、同志裏切りの疚《やま》しさがあったことは確かだが、世論を無視するわけにはいかなかった。よってウージェニーの数度の嘆願も、所詮は何の役にも立たない。

三月十三日、オルシーニとその仲間たちは刑場送りとなった。

ル・ペルティエ街の事件は、脆弱《ぜいじゃく》な第二帝政の屋体骨をゆさぶった。当然のことながら、当局は警戒を強める。二月には国家公安法が発布され、不審な人物は容赦《ようしゃ》なく逮捕されるようになる。各地の知事には絶大な権限が与えられ、彼らに逆らい迷惑をかける人物は、証拠不充分のまま遠慮なく追放された。

ナポレオン三世は私的評議会を再編成し、取締り強化のために、そこに腹心モルニーを参加させた。そして、さらに重要な決議として、「今後、皇帝が不在であったり、何か支障が生じた場合は、ウージェニーが摂政職につく」という取りきめがなされた。

これは皇妃ウージェニーの政治介入の第一歩である。もちろん、彼女は最終議決機関である私的評議会にも参画するだろう。オーストリア大使ヒューブナーは、この取りきめを評価した。

摂政職の開設は、皇帝死亡の折のあらゆる不安を除去するのに役立つ。オペラ座で示した勇気ある行動で、皇妃は一段と人気を得た。よって彼女の任命は、きわめて快く迎えられた。赤ん坊を腕に抱いた一人の美しい女性が、勇壮な軍隊の援護をえてフランスを救う姿は、フランス人たちを極度に興奮させる情景をつくりだす。おかげで、一発の爆弾がおそらく瞬時にして消滅させてしまうにちがいない皇帝は、実際には無視しうる人間となってしまった。

かつて自由思想を信奉し、サン゠シモンの空想的社会主義にかぶれたアンダルシアの娘は、今や皇帝に代って権力の座につき、既成秩序の擁護者になろうとしている！　ただ、イタリア問題に関するかぎり、二人の意見は一致していなかったので、皇帝は自分の政策を遂行するために皇妃を警戒した。

一八五八年七月二十日、ナポレオン三世は保養地プランビエールにサルデーニャの宰相カヴールを密かに呼び寄せた。この密談は皇妃ウージェニーにも内証だった。

帰国後、カヴールはこの密談の内容をカスティリョーネ夫人に打ち明けた。

——皇帝はサヴォワとニース伯爵領をフランス領にするという条件で、われわれを助け、わが国土よりオーストリア人どもを追い払うことに同意しました……わたしは最後についに受諾したのです……また皇帝は、国王ヴィットーリョ・エマヌエーレの姉娘と、従弟ナポレオン公との結婚を要求してきました……それも受諾しました。皇女クロチルドはまだ非常に若すぎるし、ナポレオン公の生涯は波瀾万丈《はらんばんじょう》ですけれども……

やがて事態はそのとおりに進展する。サルデーニャの挑発をうけてオーストリアが宣戦を布告すると、フランスも参戦してロンバルディアでオーストリア軍を撃滅し、六〇年三月には、サヴォワとニースの割譲が承認されるからである。

しかし、プロイセンが独仏国境に軍隊を集結させてフランスを牽制すると、これにおびえたナポレオン三世はすぐにオーストリアと単独で講和し、トリノに出向いてサルデーニャ国王に密約の破棄を申し渡す。信じがたい裏切り行為であった。

この結果、サルデーニャはロンバルディアとパルマは得たものの、ヴェネチアはオーストリア領として残り、モデナとフィレンツェはそれぞれの君主に返還された。これはカヴールが頭に描いたイタリア統一とは、まったく異なるものだった。

トリノでナポレオン三世が冷やかに迎えられたことは言うまでもない。国王との会談を終えて王宮を出たとき、彼は非常な衝撃を受けた。家々の窓には弔旗《ちょうき》がかかげられ、刺客オルシーニの肖像画が「英雄」として飾られていたからだった。

時代は激しく揺れ動いていた。そんなときに、ウージェニーは心ならずも政治的人間とならざるをえなかった。生活は多忙をきわめる。彼女はパカに訴えた。

私は二つのこと――公生活と私生活――をしなければならない世界に生きています。私生活に関する一切は、もしその生活が公生活の領域までも侵すのなら、私には恥ずかしいものと思えましょう……

ウージェニーには皇帝の浮気という辛い苦しみがあったけれども、彼女は何よりも公生活を優先させた。自分の任務を遂行するためにサン゠クルーの離宮に住みこみ、そこで毎週、閣議をきちんと取りしきった。これには列席者たちもびっくりした。

ある朝、サン゠クルーを訪れた旧友メリメも、ウージェニーが憲法をすら暗《そら》んじていることを知って驚嘆した。彼女はもう完全に「政治家」に変貌している！　舞踏会を主宰したり、化粧に専念しているひ弱な女性ではなかった。国務院議長夫人セレスト・バロシュも、彼女の力倆には目をみはった。

皇妃は摂政の職務を見事にやってのける。彼女は閣議を、世にも珍しいほどてきぱきと取りしきる。人の言葉には細心に耳を傾け、討議においては明敏さを示し、すばらしい意見をはく……

イタリアの愛国者たちの恨みを買ったとはいえ、オーストリアとの戦争に勝利を収めたナポレオン三世は得意絶頂だった。

一八五九年の八月十四日にはヴァンドーム広場で、凱旋してきたイタリア派遣軍の閲兵《えっぺい》式が行なわれた。その折、皇帝はやっと三歳になったばかりの息子を近衛隊の擲弾《てきだん》兵に扮装《ふんそう》させ、一緒に馬に乗せて式典に参列させた。この時期は歴史家たちが言うように、「第二帝政栄華の極み」であったのだろう。陶然としたナポレオン三世の胸を熱くしたのは、一八一四年のウィーン会議の屈辱をはらしたという歓喜と、「帝国のヨーロッパ支配」という妄想であったにちがいない。

この点ではウージェニーも同様だった。彼女も幸福感に酔いしれていた。皇太子ルルーを抱きしめながら、思わず口走った――「いずれこの子はナポレオン四世と呼ばれるようになるでしょう」。この誇りと自信は、皇妃の未来の夢を限りなくふくらませた。

しかしながら、ウージェニーと夫の仲はすでに冷えきってしまっていた。言い争いは以前にもまして激烈となり、同衾《どうきん》することもなくなっていた。

ナポレオン三世はイタリアから疲れはてて戻ってきた。病状も悪化していた。にもかかわらず、漁色のほうは一向に衰えた気配もない。

カスティリョーネ伯爵夫人の後釜《あとがま》には、外務大臣夫人ヴァレフスカがすわった。彼女の夫アレクサンドル・ヴァレフスキーはナポレオン一世の私生児だった。魅力的で野心家で怜悧《れいり》なヴァレフスカは、ナポレオン三世の寵愛を二年間も受けた。しかもその間、浮気な皇帝は次々と他の女にも手を出す。ある歴史家は「皇帝の愛妾目録」を作っている。イギリス女のミス・スミス、熱烈なイタリア女バルッチ夫人、東洋風の哀愁を漂わせているカドール公爵夫人、評判の歌姫ハマカーズ、皇妃の女官ラ・ベドワイエール夫人、アメリカ娘リリー・ムールトン……

これにはさすがのウージェニーも呆《あき》れはてた。とくに彼女には夫の相手が「低級娼婦」としか思えなかったので、その受けた屈辱には我慢できなかった。パカ宛の手紙には、にえくりかえるような怒りがぶちまけられる。


私の心は屈辱にあふれています。彼のような地位にある人間が低級娼婦——彼女たちのある者は小間《こま》使いにすら値しません——で満足できるといった考えは、どうしても是認できません！でも、彼に止《や》めさせることはできますまい！　彼は何だって構わないのですからね。あの尻軽女どもへの彼のぞっとするような、飽くことを知らない好みの前には、私の激昂も効き目がありません。

腹心の友もなく、母親マヌエラとの母娘《おやこ》の愛情にも恵まれなかったウージェニーにとって、最愛の父の死後は、心ゆるせる身内は姉のパカだけだった。それなのに、一八六〇年の初頭から、パカの健康が悪くなる！　それは政治上の悩み以上の悩みだった。
パカの病気は、「衰弱病」と呼ばれた原因不明の漸進性の奇病だった。八方手をつくしたスペインの医者たちも、ついには匙《さじ》を投げてしまった。
ウージェニーは姉をパリに呼び、可能なかぎりの治療を受けさせようと思った。そのために彼女は、シャン＝ゼリゼに快適な家を購入する。五月十六日には手紙も書いた。

いとしいお姉さま、お願いですから、しっかり治療なさってください。できるだけ早く、こちらにいらしてください。その種の病気を、健康を損なうことなく治療できるのはパリしかないのですから……くどすぎると、そうあなたはおっしゃるでしょう。そのとおりです。でも、私にはあなたの健康のことしか話せないのです。

パカはマヌエラに連れられ、七月の終りにパリにやってきた。もう瀕死《ひんし》の状態だった。ウージェニーは毎日看病したが、八月二十二日には、後ろ髪引かれる思いで別れを告げなければならなかった。翌日早朝から夫に同道して、サヴォワからニースをへてアルジェへと向う長い旅に出なければならなかったからである。

この旅行のあいだ、ウージェニーはたえず姉の病状を気づかった。オー＝ボンヌ、ディジョン、リヨンと、立ち寄る先々から見舞の手紙を書いた。グルノーブルの美術館では、懐しいスタンダールのことが強烈に思い出されたので、その感動をパカに知らせた——「私たちの少女時代の一切のことが記憶に甦《よみがえ》ってきました……あのとき、彼はナポレオン一世の戦争話をし、私たちは大喜びで聞き入ったものです」。

皇帝夫婦はマルセイユからコルシカを経てアルジェに向い、九月十七日に到着する。ウージェニーはここで「パカ危篤《きとく》」というマヌエラからの電報を受け取った。彼女は耐えがたい悲しみに襲われ、「いま手にした電報は、私を気違いにしてしまいます……」と、折返し母親に悲痛な手紙を書く。しかし実際には、電信ケーブルの断線のために連絡が遅れていただけのことで、パカはすでに前日の十六日に死んでいた。

連日、悲しく辛い思いをしながら、ウージェニーの旅はつづけられる。とくにアルジェ訪問は、ナポレオン三世の海外進出にとって不可欠だったから、早々に切りあげて帰国するわけにはいかない。民衆の万歳には微笑をもって答えなければならなかったし、レセプションにも列席して陽気に振舞わなければならない。むごく非常な日々の連続だったが、これも政治的人間に変身した皇妃ウージェニーの「権力の代償」であった。

フランスに戻ると、ウージェニーは何よりもまずパリ西郊リュエーユの小さな教会に駆けつける。ここには大ナポレオンの皇后ジョゼフィーヌと皇帝の母親オルタンスの墓がある。パカの棺《ひつぎ》はそれらの墓の側に安置されていた。パカの遺体は年末にはスペインに移転される。そのときまで、ウージェニーは毎日通いつづけ、棺に哀惜の涙を注ぐはずだった……

ところが十一月になると、突如ウージェニーは、お忍びで、「ピエールフォン伯爵夫人」という偽名を使ってロンドンに旅立った。すぐに数々の、それも皇帝との不仲を誇張した悪意ある噂がひろまる。

この旅行の目的は、悲しみと疲れを癒すためのものであったにちがいない。メリメもモンティホ夫人宛の手紙で、こう解釈している。

　この点に関して噂されているあらゆる馬鹿げたことを、あなたは簡単に見破られるでしょう。暇人どもに謎をかけたりするのは、つねに危険なことです。私としては、皇妃は非常に悲しい思いで二ヵ月も身を隠しておられたので、少しは「元気を出す」必要を感じられたのだろうと、そう確信しております。

ロンドンではヴィクトリア女王と会ったけれども、ウージェニーはあくまでも「お忍び」の旅行者としてすごした。パカの不慮の死で神経をずたずたに引き裂かれた彼女には、気分を変えること、人目を避けて静かにしていること、要するに「気晴らし」が必要だったのである。

ウージェニーは十二月になってフランスに帰ってきた。メリメが期待したとおり、「元気」を取り戻していた。彼女には音楽への趣味はさしてなかったのに、『ファウスト』の作曲家シャルル・グノーと無邪気な音楽談義までもしている。クロード・デュフレーヌの『皇妃ウージェニー』には、音楽家が妻宛に送った珍しい手紙が収録されているが、そこには意気消沈をやっと脱した明るいウージェニーの姿がある。

わたしは皇妃のそばで、たっぷり一時間以上も過ごしました。彼女がわたしに何を提案されたか、当てられるものなら当ててごらんなさい。皇妃はバレーへの協力を申し出られ、われわれみんなで作ることを望まれたのですよ……わたしはひと言も言葉を発しない皇妃を見つめていました、するとどうでしょう、彼女はこう申されたのです、《そうよ、冗談じゃないのよ……》。今朝も皇妃は、われわれのバレーのことを再び話題にしました……皇妃はわたしにピアノに向ってほしいとおっしゃり、ずっとわたしのそばにいらっしゃいました。皇妃は涙にくれていました。わたしはほぼ四十五分間も演奏しました。でも、彼女はこう言いつづけたのです、《もう一度、もっと……》。

ウージェニーが目指したバレーがいかなるものであったか、それはわからない。彼女が得意とした気まぐれな思いつきであったかもしれない。しかし、仮に単なる逸話として片づけられるにしても、憔悴《しょうすい》しきっていた彼女が立ち直り、意欲的な人間となっていたことの一つの証とはなるだろう。

とくに目立ったのは政治面における意欲だった。ナポレオン三世が結石に苦しみ、内閣を不安にさせればさせるほど、ウージェニーの責任は大きくなり、野心を燃えたたせた。

後年、一九〇四年のある日、彼女はもろもろの幻影が漂うチュイルリー庭園の真向いのコンチネンタル・ホテルで、フランス外交官モーリス・パレオローグと懐旧談にふけったが、そのおりメキシコ派兵にふれて、こう断言している。「あれは一八六一年、ビアリッツにおいて、私により決定されたことです！」

ビアリッツでヴァカンスを送っていた皇妃ウージェニーの前に、亡命中の若いメキシコ貴族が姿を見せるのは一八六一年八月のことである。彼の名はホセ・イダルゴ。スペイン時代からの旧知の仲だった。この再会を喜んだウージェニーは、次の日、イダルゴをヨットに招待した。彼はこの機会を利用して自分の計画を熱っぽく語った。

当時のメキシコは革命家フアレスの自由主義革命が成功し（一八五五）、急進的な改革が断行されていた。しかし、十九世紀初頭から保守党と自由党、教会主義と反教会主義の熾烈な暗闘を繰り返してきたこの国の政情は、相変らず不安だった。フアレスは一八六一年に大統領となったけれども、保守党の反抗は収まったわけではなかった。

青年イダルゴもまた、そうした反フアレス派の人間の一人だった。彼はフアレスを独裁者ときめつけ、それに代るカトリック君主制の誕生を夢みていた。そのためにはフランスの援助が必要だった。「メキシコは救いの神として、いま勢力を恣《ほしい》ままにしている騒乱をおさめてくれる君主を待望しています」——これがイダルゴの訴えだった。

カトリック教徒のウージェニーは、イダルゴの要請に心を動かされた。そして、次第に彼女もカトリックの大帝国を夢みはじめた。イダルゴの仲間たちからは、「メキシコにキリストの権威」を復興させることこそ彼女の生涯の仕事と煽《あお》られもした。

——なんというすばらしい計画だろう！

若いメキシコ貴族の構想に夢想をかきたてられたウージェニーは、彼をナポレオン三世に紹介する。

皇帝は煙草をふかし、天井の一点を見つめながら黙々と聞いていたが、眼は異様に輝いていた。テキサスからパナマにいたる広大な「フランス帝国」を夢みていたのだろう。ウージェニーは彼の手を取り、力強く助言した。

——絶対に介入すべきですよ！　この戦争はあなたの治世の最も輝かしいものとなるでしょう！ナポレオン一世を感激させるにちがいありません！

ナポレオン三世の腹はきまった。

一八六一年、メキシコの革命政権は財政難を理由に、外債利子の支払いを二年間停止することを宣言した。願ってもないチャンスだった。すぐにそれを口実にして、ナポレオン三世はイギリス、スペイン両国とともに実力行使に出た。

やがて問題が解決すると、イギリスとスペインは徹兵したが、フランスはさらに干渉をつづけた。

そして一八六三年六月には、首府メキシコ（メヒコ）をも占領する。強制的に帝政を樹立させ、オーストリア皇帝の弟フェルディナント・マクシミリアンを帝位につけさえもした。

他国によって無理やりに作られたこうした政府を、当然のことながらメキシコ民衆は認めようとしなかった。各地でゲリラが勃発し、フランス軍は窮地に追いこまれた。しかも年末には、南北戦争を終えたアメリカ合衆国がフアレス政権に武器を供与しはじめ、フランス軍の撤退を強硬に要求してきた。

ウージェニーはアメリカ大使を呼びつけ、はげしく叱責《しっせき》したけれども、そんなことで泥沼戦争が好転するわけではない。それに、プロイセン・オーストリア戦争の余波を受けてヨーロッパは紛《ふん》糾《きゅう》してきたので、アメリカ合衆国を敵にまわすことはできない。結局、一八六七年の初頭に、フランスは撤退せざるをえなかった。

ナポレオン三世に見放された皇帝マクシミリアンは悲惨だった。革命軍に捕えられ、銃殺されたからである。多くの人命と莫大な戦費をついやしたメキシコ遠征は失敗に終り、ナポレオン三世の威信は地に落ちた。青年イダルゴの夢は永遠に消滅する。

マクシミリアンの非業の死が伝えられた次の日、秘密警察署長イルヴォワはナポレオン三世に拝《はい》謁《えつ》した。皇帝はたずねた。

——民衆はどう噂しているか？

——何も噂しておりません。

だが、イルヴォワの顔は明らかに当惑している。皇帝はそれを見逃さなかった。

――本当のことを申すがよい。民衆はどう噂しておるのじゃ？

――陛下、そうおっしゃるのなら、正直に申しあげましょう。このたびの不幸なメキシコ戦争の結果には、国民は心の底から怒っております。いたるところで、人々はあの戦争のことを、共通した非難の気持を抱いて噂しています。そして、さらに一歩進めて、あの責任は……と言明しております。

――誰の責任なのだ？

イルヴォワは一瞬、黙りこんでしまった。

――誰のせいなのだ？　ぜひそれを知りたい！

――陛下、ルイ十六世のときには、こう言われたものでございます。《あれはオーストリア女のせいだ》と。

――そのとおりじゃ。さあ、つづけるがいい！

――それが今ではこう噂されているのです、《あれはスペイン女のせいだ》と。

イルヴォワはそこにいるのは皇帝一人と思っていたので、正直に事態を報告した。つづれ織りの壁掛けのうしろに皇妃がいようなどとは、予期しないことだった。突如、白い部屋着姿のウージェニーが、髪をふり乱して現われたのには度胆を抜かれた。

皇妃はイルヴォワに、いまの言葉をいま一度言うようにと命令した。彼女は黙ってきいていた。

それからこう叫んだ。

——スペイン女！　そう、スペイン女！　私はフランス女になったのよ。でも、私の敵どもには、ときにはスペイン女になりうるっていうことを見せつけてやりたいわ！

メキシコ遠征は無惨な結果に終った。しかし、その六年あまりの期間、個人としてのナポレオン三世はきわめて幸せだった。ウージェニーの関心がメキシコのほうばかりに向いているあいだに、彼は「女」に打ちこむことができたからだった。

健康を心配する主治医たちは頭を悩ましたが、いかなる名医をもってしても、この「病」だけは治療できなかった。それに好色の度合は年とともに強まり、町の娼婦にすら興味を持つようになっていた。おかげで、腹臣バッチョッキは「ためし役」を仰せつかる始末だった。

冬になると皇帝はブーローニュの森でスケートを楽しんだが、ここではウージェニーの目を逃れて、美しい英国女性ミス・スナイエルと逢引《あいびき》した。

アメリカ娘リリー・ムールトンには一目惚れだった。スケートの名手だった彼女は、ブーローニュでは華麗な滑り方でまず皇帝を魅了し、招かれたチュイルリー宮ではその美声がきわめて効果的だった。リリー・ムールトンは名高いスペイン人歌手マヌエル・ガルシアの愛弟子で、「最も魅惑的な真珠の丸みと色合い」と評判の彼女の声には、誰しも感動しないではいられなかったからである。

リリー・ムールトン

モルニー公爵もリリー・ムールトンにはご執心だった。このことを知ったウージェニーは、チュイルリー宮で巧みに二人の仲を取りもち、歌姫を公爵の囲い者にすることに成功した。彼女は一息ついた。

　すると今度は、シャン＝ゼリゼ通りに一戸をかまえ、贅沢三昧《ぜいたくざんまい》にふけっている高級娼婦パイヴァ侯爵夫人が現われる。つづいて、サン＝クルーの公園で出会ったジュリー・ルブフ。彼女は以前はマルグリット・ベランジェと名乗る才能のない舞台女優だったが、今は「陽気なあばずれ」と渾名《あだな》される評判の高級娼婦だった。

　この「あばずれ」がナポレオン三世のお気に召した。皇帝は彼女を高級住宅地パシーに住まわせ、湯治場ヴィシーにも連れていく。やがてジュリーは妊娠し、皇太子の異母弟を産み落とす。ウージェニーは煮え湯を飲まされる思いだった。彼女は人前もはばからず、はげしく皇帝をののしった。マチルド皇女ですら、ジュリーの横暴には手こずったらしい。彼女はこう言っている。

　誰もがこの女の権勢を危惧《きぐ》したことは絶対に正しい！　同じ一人の人間が併せ持っている策謀と傲慢さには、誰しも唖然《あぜん》とするばかりだ……皇子誕生後、彼女は正体を現わす。その虚栄心は限度を知らない……ああ！　休む間もなく皇帝を悩ましつづけるあの晩餐会ときたら。彼女は皇帝の頭にナプキンを投げつける……彼女はつねに、うるさく繰り返す。《情婦がいないなんてことは、彼には耐えられない。何人も情婦を持てば、彼は病気になる！》。ある日、あの女は私にこう言った。《ああ！　この私がパリに、誰か彼を楽しませ、彼と寝たことのない女を知っているのなら、すぐにでもその女を呼び寄せるのに！》

マチルド皇女の言葉は、誇り高い皇妃の苛立ちを代弁しているかにみえる。ウージェニーにしてみれば、「陽気なあばずれ」に手玉にとられている皇帝がいまいましく、頼りなかったにちがいない。

ナポレオン三世は、ウージェニーの怒りを何とか鎮めようと骨折った。彼女に遠慮し、ご機嫌をとり、あらゆる面で一歩譲った。とくに政治面においては全面的に譲歩した。当然のことながら、皇妃の権力はますます強くなる。パリの英国大使カウリ卿も、このことをはっきりと認めている。

彼女の皇帝への影響力は、いまや全体に及んでいる。つまり、皇帝は彼女の望むことをなし、あんなにも情熱的な女と一緒になって事を運ぶ。危険きまわりない。

メキシコ遠征も皇妃ウージェニーが主導権を握って敢行され、そして失敗した。

だが、権力者にのしあがったウージェニーは、そんなことでは怯《ひる》まない。「メキシコへの夢」は単なる序曲にすぎない。彼女の胸のうちには、もっと壮大な夢が秘められている。フランスを盟主とするヨーロッパ地図の塗りかえと、輝かしい将来に君臨する息子の栄光。夢想家の彼女は、こんな妄想に胸を踊らせていた。

ある日、ウージェニーは心を許しているオーストリア大使リヒァルト・メッテルニッヒに未来の夢を打ち明ける。大使はあのウィーン会議の大立物の御曹子であり、妻のポーリーヌはウージェニーの最も親しい友人の一人である。

——私は自由奔放に振舞いたいと思います。たぶんあなたは、私のことを気違い女と思われるでしょうけど、そうすることが私にはふさわしいのです。

第六章　君臨する皇妃

ナポレオン三世の健康は日ましに衰えていった。激痛をおさえるための薬の使用量は一段と多くなり、そのために彼は、ときには数時間に及ぶ放心状態におちいることもあった。

夫のやつれ果てた顔を見るにつけ、ウージェニーは、まだ八歳の息子の将来が思いやられた。だからこそ、自分は夫に代ってフランスの政治を牛耳り、「ナポレオン四世」となるはずの息子の地盤を固めなければならない——彼女は君臨する皇妃の責任を痛感し、ひとしお息子への母性愛をつのらせた。

ウージェニーの日常生活は一変する。長時間にわたって書斎に閉じこもり、書類を調べ、文書を認《したた》める日々を送るようになったからである。朗読係のカレット夫人も、「彼女は書斎で仕事をし、判読し、書類を整理する……そこの雰囲気は、それ以前のサロンとは全く異なっていた」と書いているし、のちに彼女自身もモーリス・パレオローグにこう告白している。

1860年の皇太子ルイ（四歳）

私のことを見かけでしか評価しない一般の人々は、私がもっぱら、優雅な生活、社交、ドレス、装飾品に忙しい女と思っていました。よって私は、移り気で浪費家、浮気で軽薄な女と非難されました。私への、あの意地悪な反対運動を起した人たちも、もしこれらのノートに目を通すことができたなら、きっとびっくり仰天したにちがいありません。私は毎日、そのノートに読んだ一切のことを要約していたのです。

もちろん、見かけや外観でしか人間を見ようとしない世間は、こんな勤勉で生真面目な皇妃の姿などは知る由もない。

ウージェニーのほうも、そんな誤解を少しも恐れない。彼女は相変らず優雅であったし、女の嗜《たしな》みを失わなかった。一人のときの身なりは地味で簡素だったが、人前では絹の豪華なドレスで身を飾る。デコルテは板についたものだったから、肩を露《あらわ》にしたその華麗さは娘時代と少しも変らなかった。

ウージェニーは晴れやかな装いのためには、莫大な費用を使った。女優のように衣裳にこるのは、彼女にとって「皇妃の役割」の一部であったからである。衣裳は一、二度着用しただけで、惜しげもなく女官たちに与えられた。抜け目のない女官どもは、それをアメリカに売りとばし、大儲《もう》けした。

しかし、問題はウージェニーの派手な振舞いではなく、実質的な政治能力だった。しばしば冷静さに欠け、激情に走りがちなスペイン女が、政治家特有の駆引きや裏工作に巧みだったとは思えない。直情径行な彼女は、心ならずも多くの敵をつくり、ことあるごとに「スペイン女」は標的となるだろう。

ジャーナリスト、アンリ・ロシュフォールが創刊した『ラ・ラテルヌ』誌などはその急先鋒《せんぽう》だった。「昨日、皇妃陛下は閣議の議長を務められた」とは同誌の見出しだったが、これは女帝に成り上がったウージェニーへの、嫌味たっぷりな皮肉だった。

実際、君臨する皇妃には、重臣たちも少々手こずっていた。腹心のペルシニーも、文書でナポレオン三世に進言した。

閣議への皇妃の列席は、諸問題の方針に一種の二面性を生じさせ、二つの政策を対立させるために、結局は相殺の危険があるのです。こんな事態は陰謀を促進させ、最悪の不決断をもたらします。できるだけ早く、政策方針の統一を立て直す必要があるのです。しかし、皇妃が閣議決定において支配的な役割を行使するかぎり、そんなことは不可能でしょう。

実際にペルシニーが危惧したとおり、政策の方針の統一などは不可能だった。皇帝の健康が日に日に弱まっていけばいくほど、皇妃の権力はますます強くなっていったからである。

それに皇帝は、健康が悪化しているというのに女遊びだけはやめない。肉体は衰弱しきり、知能にも少なからぬ影響を及ぼしはじめていた。ときおり彼は、いかにも所在ない様子で煙草をふかし、無気力な数時間を送っていた。廃人とは言わぬまでも、これは憂慮すべき事態だった。

ある晩、肘掛椅子にぐったり倒れこんだナポレオン三世は、大臣エミール・オリヴィエに尋ねた。

——オリヴィエ、パリ中でわたしのことがどう噂されているのか知りたい……正直に答えてほしい……もうわたしは皇帝でないみたいだが……

オリヴィエは一瞬ためらったものの、すぐに答えた。

——陛下、ご機能が衰えられていると噂されておりますが……

——あらゆる点でそのようだな。

皇帝はぽつんとこうつぶやき、ふたたび夢想にふけった。

こんなナポレオン三世の衰弱ぶりは、じきに全ヨーロッパに知れわたる。ヨーロッパの君主たちは、ナポレオン三世にはもはやフランスを統治する能力のないことを察知した。とくに、ドイツ統一を画策していたプロイセン国王ヴィルヘルム一世を大いに喜ばせた。

そしていま一人、国王の片腕として外交政策に腕をふるってきたビスマルク＝シェーンハウゼンは、何か期するところがあったのか、にんまりとほくそ笑んだ。

一八六二年、駐仏公使としてパリにやってきたとき、ビスマルクは早くもナポレオン三世の耄碌《もうろく》に気づいていた。母国に戻ると、彼はすぐに国王ヴィルヘルムに報告した。

――私はフランスで、すばらしい二人の女性に会いましたが、他に人物は一人もおりません。つまり、皇妃と美しいラ・ベドワイエール夫人です。二人はともにすばらしい女性ですが、全く別の理由によってです……

ラ・ベドワイエール夫人は皇妃の女官で、魅力ある女性だった。のちの《鉄血宰相》ビスマルクも女には意外ともろく、どうやら恋の虜《とりこ》となったらしい。

それはともかくとして、注目すべきは慧眼《けいがん》なるビスマルクが、「すばらしい二人の女性」しか認めていないことだろう。他の人物は彼の眼中になかった。哀れなナポレオン三世も全く無視されていた。

ビスマルクは自信満々だった。

ビスマルク

オーストリアとの戦争を準備していたビスマルクは、一八六五年十月、ビアリッツでナポレオン三世と会見し、途方もない提案をした。プロイセンとオーストリアの戦争が起った際に、もしフランスが局外中立を守ってくれるなら、プロイセン戦勝の暁には代償としてライン左岸をフランスに割譲するというものだった。この年の三月には、最もよき助言者だった異父弟モルニーにも死なれ、思考力も麻痺《まひ》し、国際政治を判断する力も失ってしまっていたナポレオン三世は、まんまと老獪《ろうかい》なるビスマルクの罠《わな》にひっかかった。

ウージェニーも普墺《ふおう》戦争の近いことを予感していた。しかし、彼女は親オーストリア派だったので、ナポレオン三世の中立政策などには全く賛成しなかった。それどころか、決断力の鈍ったナポレオン三世を説得し、戦争勃発の折にはフランスがオーストリアを支援することを約束させた。

駐仏大使メッテルニッヒは、さっそくその旨をオーストリア皇帝に伝える。ウージェニー自身も一八六六年の初頭からメッテルニッヒと頻繁に会見し、五月二十一日には自信をもって次のように激励した。

——皇帝が中立政策を押し進めると約束したといっても、それは最初の戦闘がはじまるまでのこととお思いになりません？　積極的に行動なさいと申しあげたとしても、それはあなたを策略にかけるためではありません。前進！　前進あるのみです！

メッテルニッヒは満足した。だが、ウージェニーの激励は、暗礁に乗りあげていたメキシコ遠征のことも無視した、まったく軽率きわまりない発言であった。

一八六六年六月、プロイセンはオーストリアと戦端を開いた。参謀総長モルトケに指揮されたプロイセンの軍隊は、ナポレオン三世やウージェニーが想像していた以上に強力だった。七月三日にはサドワで大勝し、わずか七週間で決着をつけてしまったからである。

オーストリア軍がサドワで敗退した次の日、メッテルニッヒはオーストリア皇帝に手紙を書いた。

フランス皇帝ご夫婦を存じあげて以来、あれほどまでに全く無能な皇帝と、熱情をこめて熱心にわれわれの利益のために心を寄せている皇妃の姿をみたことは、かつてありませんでした。

サドワの一戦に破れたからといって、オーストリア軍はまだ壊滅したわけではなかったから、メッテルニッヒはフランスの支援を期待していた。だが、ウージェニーがどんなにオーストリア援助に熱意を示してみても、メキシコには四万の軍隊を送っており、さらにイギリスとの衝突の恐れもあったので、ナポレオン三世は参戦を避け、プロイセン・オーストリア両国の調停役をつとめたにすぎなかった。

その結果、ナポレオン三世はビスマルクとの約束どおり中立を守ったことになった。しかし、ビスマルクはフランスにライン左岸の割譲をしたりはしなかった。「無能な皇帝」は、まんまと一杯食わされたのだった。

一方、優柔不断なナポレオン三世のために、ウージェニーの期待も完全に裏切られた。サドワ敗退一週間後の七月十日に、彼女はメッテルニッヒに手紙を送った。

もはや私の声などは何の影響力もありません。今や私の意見などは、ほとんど一人だけのものです。人々は今日の危険を誇張し、われわれに明日《あす》の危険を忘れさせています……私は深い悲しみに沈み、これ以上書く気力もありません……

憔悴《しょうすい》しきったナポレオン三世は歩行も不可能な状態だった。そんな無気力な夫の姿に、ウージェニーは怒りをぶちまけることもできなかった。気丈な彼女も弱気となり、気を許した仲間には愚痴をこぼす。

——皇帝の気力喪失を回復することはもうできません。命運はつきたのです。あまりにも衰弱しきった皇帝にお会いし、私は二人の将来に不安を抱きました……とりわけある晩、サン＝クルーの散歩道を二人だけで歩いたとき、彼は全く途方にくれていました。もはや彼に何を言うこともできず、私は泣きじゃくってしまいました……ああ、私たちの栄光は、なんと高くついたことでしょう……

ウージェニーの苦悩は、すぐにメッテルニッヒからウィーンに報告される。

皇妃は私にこう語りました。二年前から皇帝は完全な虚脱状態におちいり、もはや政権に携わることもできず、『ジュリアス・シーザー』の伝記を執筆、残されたわずかな気力をそれに注いでいる、と。彼はもう歩くことも眠ることもできず、ほとんど食事もできません。

皇妃はさらに、駐仏大使メッテルニッヒに恐ろしい本音をはきもした。

はっきり申しあげますが、われわれは崩壊へと向っています。この際、最良なことは、突如、皇帝が、数日をへずして死亡することでしょう。

自分の政治能力を過信していたウージェニーは、無気力で何の方策もない夫を見限っていたし、自力でフランスを救いうるという妄想にとらえられていた。

たとえばウージェニーは、彼女の主導権で敢行したメキシコ遠征に多大の期待をかけたけれども、すでにのべたように、この無謀な派兵は無惨な結果しかもたらさなかった。この折、カトリック教徒の彼女はヴァチカンに出向き、教皇の支持を得ようとしたが、結局は空しい努力に終った。

権力者ウージェニーの思わくはすべて外れた。内外ともに多難をきわめていた第二帝政は、すでに危殆《きたい》に瀕《ひん》していた。

そんな情勢のなかで、一八六七年四月一日から、パリでは万国博覧会が開かれた。セレモニーのテープは皇帝夫婦の手によって切られる。

ヨーロッパのすみずみから、いや、はるか遠い極東の小国日本からも、単にフランスの首府というだけでなく「世界の都」を誇るパリには、人々が集まってくる。

一八六七年は慶応三年である。

日本からは幕命を受けた水戸藩主弟徳川昭武が使節として参加した。『近代日本綜合年表』（岩波書店、一九六八）には、「日本、場内に日本式茶店をつくり、芸者三人に接待させて評判となる。また、松井源水ら日本の曲技師も、開期中に、仏国に招かれて演技」と記録されている。

ジョルジュ・デュビーとロベール・マンドルーの『フランス文化史』（人文書院、訳者代表前川貞次郎）によれば、一八六七年の万博を境として、フランスでは「橋も船舶も燈台もすっかり鉄で作られる」ようになり、大企業もぞくぞく設立されたという。小説家エルネスト・フェドーやエミール・ゾラのテーマとなった金銭と株式取引所は、産業革命が成功を収めたフランスの「新しい経済と社会」の象徴であった。

一八五五年の万国博覧会が第二帝政のはなばなしい幕開けとすれば、六七年の万博はその最後を飾るフィナーレである。

多くの歴史家たちが指摘しているように、オペレッタ作者ジャック・オッフェンバックは、奇《く》しくもナポレオン三世とともに登場し、彼とともに消えていった享楽時代の「オペレッタ王」だった。

一八六七年万国博覧会の狂乱は、オッフェンバックの音楽によって、いやが上にも高められた。

彼は時代を熱狂させる娯楽音楽の見事な創始者であり、すでにわずか二年半のあいだに、その『美《うる》わしのエレーヌ』は約三百回、『青ひげ』は百五十回、『パリ生活』は二百回も上演されていた。

そして、六七年四月のヴァリエテ座における『ジェロルスティーン大公妃』（浅草オペラ以来の日本名は『ブン大将』）の大成功は、それまでの記録をはるかに上回るものだった。

S・クラカウアーの『天国と地獄』（平井正訳）では、普仏戦争前夜の時代風潮に関連させて次のように解説されている。

このオペレッタのとてつもない大入りの理由は、ビスマルクが時の人であったことである。劇は戦争に関与していた。そしてビスマルクの政策の然らしむるところで、戦争はすぐそこに近づいていた。世間は頭上にただよう脅威を感じて、催眠術にかけられたような状態になっていた。その上世間はメキシコでの失敗をよく覚えていたし、プロイセンの元込め銃の方が優れていることもよく知っていた。しかしそれを告白すればパニックを引き起こすような、自分自身の無力を認める代わりに、一般大衆は現在の情況の深刻さを取りつくろい、戦争などはなおのこと軽く考える方を選んだ。戦争など、今日ではもはや何の権利も持たない時代錯誤の出来事ではなかったろうか？　この種の見解が、諸国民を結びつけるデモクラシーの止《とど》まることのない前進を保証するように見えた、他ならぬ万国博覧会の時に流布していた。

ヴァリエテ座での『ジェロルスティーン大公妃』は、六七年万博の呼び物の一つだった。戦争を茶化し、大ぼら吹きの勇士ブン大将が大活躍するこのオペレッタを、ナポレオン三世夫婦はいかなる気持で見ていたのだろうか。

もともと音楽についてはほとんど興味を持たなかった皇帝夫婦には、オペレッタの主題にも軽快な音楽にも、さして関心があったとも思えない。ただ、場内を埋めた興奮した観客の熱気に万博の成功を認め、ひそかな満足感に酔いしれていたにちがいない。

よって、ヴァリエテ座での観劇を終えると、皇帝夫婦はわざわざ出向いて、このオペレッタの台本作者メイアックとアレヴィーに礼をのべ、とりわけ作曲者オッフェンバックには心からの謝意を表した。

しかし、音楽事情に疎《うと》かったウージェニーは、高名な作曲家の前で思わぬ失敗《しくじり》をしてしまった。彼女はこう尋ねた。

——オッフェンバックさん、あなたはラインのほとりのご出身ときいておりますが。

——そうでございます。

——ボンでお生まれでしたね。

オッフェンバックは、微笑をたたえながら訂正した。

——いいえ、皇妃さま、私はケルンのそばで生まれたのです。ボンで生まれた作曲家は……ええと……何と申しましたっけ？

オッフェンバックは悪戯《いたずら》っぽい目つきで、音楽家の名前を忘れたふりをしていた。ウージェニーの返答を待っていたからである。だが、皇妃は黙りこんだままだった。業《ごう》を煮やしたオッフェンバックは、いささかぞんざいに言い放った。

——ああ、そう、彼の名前はベートーヴェンでしたね！

ヴァリエテ座には毎晩、諸外国の君主や高官も顔をみせた。ロシアのツァー・アレクサンドル、プロイセン王ヴィルヘルム、オスマン・トルコ帝国の首都コンスタンチノープル（現在のイスタンブール）のスルタン、ペルシア（現在のイラン）の国王《シャー》、エジプトの副王……

謹厳なはずの宰相ビスマルクも、こうした常連の一人だった。といっても彼の劇場通いの目的は舞台や音楽にはなく、主演女優のオルタンス・シュネデールだった。

オルタンスはボルドー生まれの華奢《きゃしゃ》な娘だったが、役者を志してパリに出てくると、オッフェンバックに拾われた。ブーフ・パリジャンで『下手なヴァイオリン弾き』（一八五五）によってデビューし、『美しきエレーヌ』（一八六四）でパリを魅了した。

そして、ビスマルクに目をつけられた頃のオルタンスは、もう圧《お》しも圧されもせぬ大女優だった。その名声と魅力は外国にも知れわたり、君主諸侯は彼女をお目当てにパリにやってきた。たとえば、ロシア皇帝アレクサンドル二世などは、パリ到着の晩に一刻も早く彼女の面識を得たいと、ヴァリエテ座に直行したほどだった。口の悪い非礼な連中は、彼女のことを「諸侯の通過儀礼」と陰口をたたいた。

乱痴気騒ぎに賑わっていたのはヴァリエテ座だけではない。チュイルリー宮はもちろんのこと、サン=クルー、コンピエーニュ、フォンテーヌブローの離宮でも連夜の宴《うたげ》がつづく。

人々は着飾り、酒を飲み、踊りまくったが、彼らの饗宴に拍車をかけたのはシュトラウス二世のワルツ曲だった。普墺戦争敗北後の沈滞した空気を破るべく作曲された「美しく青きドナウに」は、ウィーン初演（一八六七）の折にはさして成功を収めなかったけれども、この不滅の曲はチュイルリー宮において熱狂的に迎えられたからである。

ナポレオン夫婦も万博を利用して、失墜し孤立化したフランスの威信を取り戻そうとしていた。この気持はとりわけウージェニーに強かった。このままでは帝国は一路奈落の底へと落ちていき、取り返しのつかない結果を招くという危機感を誰よりも抱いていたからだろう。

それにしても、日に日に強大化していくプロイセンの目ざましい発展だけは許せない。この危惧はウージェニーの頭にこびりつき、いつしかプロイセンとの戦争も不可避という固定観念となっていく。

ある晩、万博の成功にご機嫌なウージェニーは、プロイセン女王アウグスタを大使館まで送りとどけながら、つまらない冗談を言ってしまった。

——いずれ、私たちはあなた方と戦争をすることになるでしょう。

これは思わずもらした本音ではなかったのか。ウージェニーはあくまでも冗談と言って逃げるだろうが、皇妃の言葉としては不謹慎きわまりない失言だった。

賢明なプロイセン女王は、こんなつまらない冗談を無視し、笑顔で黙殺した。

軽率なフランス皇妃にくらべて、プロイセンの宰相ビスマルクは、役者が一枚も二枚も上だった。万博に浮かれ騒いでいるパリにやってきたビスマルクは、オルタンス・シュネデールに夢中となったばかりか、あちこちの劇場の楽屋裏に入りこみ、ゲルマン風の豪快な笑い声でパリっ子どもの不安や恐怖を和らげていたのである。

そこには妖怪らしさは何も見当らなかったし、「白の礼服を着用し、頭には大きな鉄兜《てつかぶと》をかぶった」いかめしいビスマルクなどは、誰にも想像できなかった。

無邪気なウージェニーは、あるとき、ビスマルクに率直に訴えた。

――ほんとに、あなたは私を怯《おび》えさせますわ。あなたの権力がそんなに大きくなると、私たちは、ある日、パリの前方でお会いするような危険を冒すことになりましょう。

これも、猫をかぶっているビスマルクに怯えたウージェニーの軽率な冗談だった。宰相は皇妃の心の底を見透かしたのか、鷹揚《おうよう》に笑いとばした。

こんな失言の数々があったにもかかわらず、万国博覧会は順調だった。ウージェニーも夫とともに、その偉大なる施行者の役目を充分に果していた。

さらに、七月一日にはシャン・ド・マルス（パリの兵学校前の広場）では、功労者への万博記念メダルの授与式が行なわれることになっている。このことを前もって知らされていた民衆は、会場に向う皇帝夫婦の姿を一目見ようと、前日の夜からシャン＝ゼリゼ通りを埋めつくしていた。

しかし、その晩、外務省に一通の電報が入った。


六月十九日、ケレターロにて、皇帝マクシミリアン銃殺。


このメキシコからの悲報に、ナポレオン三世は動転した。電報を届けてきたゴントー＝ビロン伯爵には、翌日の式典のことを考えて、口外をしないようにと厳命し、ウージェニーの部屋に飛びこんだ。この痛ましいニュースに、彼女は気が狂ったように叫んだ。

——明日の式典は取りやめにすべきだわ！

次の日の朝、朗読係のマリオン嬢は、喪服を着こんだ皇妃の姿にびっくりした。ウージェニーは朗読係に言った。

——サン＝ロック教会に一緒に行ってほしいの。

教会に着くと、ウージェニーは祭壇近くの柱のそばで跪《ひざまず》き、両手で顔をおおって、いつまでも祈りつづけた。

ところが、チュイルリー宮に戻ったウージェニーは、もう失意の人間ではなく、笑《え》みを漂わせた晴れやかな皇妃に変身していた。いったんは「取りやめるべき」と考えた万博記念メダルの授与式は中止するわけにもいかず、彼女も列席しなければならなかったからである。

式典が行なわれた産業宮殿の壇上で、ナポレオン三世は新たな一通の電報を受け取った。事実を確証する知らせだった。この電報によって、マクシミリアンの銃殺刑が虚報であればと密かに願っていた皇帝夫婦の一縷《いちる》の望みは、完全に絶たれてしまった。

ウージェニーは全身から力が抜ける思いがした。

だが、一粒の涙もこぼさなかった。やっとのことで式典の責務を果し、疲れはててチュイルリー宮に戻った。そのとき、突如として猛烈な悔恨に襲われた。ウージェニーは夫に訴えた。

——この私なのよ、私一人でやったことなのよ、メキシコに行くようにと、あの不運なマクシミリアンを説得したのは。私の提案によって、この不幸な事件は企てられたんだわ！

マクシミリアンの死はすぐに知れわたる。

民衆の悲しみは、やがて「スペイン女」への怒りに変る。

オーストリアのサドワ敗戦とともに、このメキシコの事件は、フランスにとって新たな衝撃だった。

オーストリアとフランスは、ますます強大化されていくプロイセンに対抗すべく同盟する必要があった。そのために八月にはザルツブルクで会談がなされた。

オーストリア皇帝は両国の友好は望んだものの、それ以上に話を進めようとしなかった。それのみか、十月にパリ万博を一人で訪れ、「妻はマクシミリアンを売り渡したフランス人たちのところに行きたがりません」と、苦々しく言い放った。決定的な言葉だった。これで唯一残されていた両国同盟のチャンスも、完全に失われてしまったからである。

万国博覧会は十一月に無事に終った。

それはフランスの偉大さと繁栄を全世界に誇示しえた世紀の催しではあったけれども、同時に、第二帝政落日の残照でもある。ウージェニーにとっても事は同じで、皇妃としての栄光と美貌を輝かせた最後の一時期だった。

十五歳の中学生ピエール・ロチは、帝国衰退期の皇妃の美しさに目を見張った一人だった——「一八六七年五月、僕は突如として皇妃に夢中になってしまった（これはその時代の多くの男たちに生じる偶発事件だった）。僕は群集のなかにこっそりと紛《まぎ》れこんで、皇妃の馬車が通るのを待ちつづけ、勉強の時間を何時間も失ってしまった」。

しかし実際には、純情無垢なロチのように「美の経験を通して人生をも愛する」人間ばかりがいたのではない。むしろそんなロマンチストは少数派で、巷《ちまた》には不満分子が氾濫《はんらん》し、皇帝夫婦への誹《ひ》謗《ぼう》や中傷は日に日に激化していったというのが実状だった。

共和派支持のジャーナリスト、アンリ・ロシュフォールは一八六八年五月に諷刺週刊紙『ラ・ランテルヌ』を創刊し、二年間にわたって形骸化した政府を嘲弄しつづけたが、彼の新聞は声高らかにこう歌った。「フランスは三千五百万の不満の種を数える、そのすべては数えないにしても」。

フランスはどこに行っても不満の種が充満していた。その捌《は》け口は誰よりも「スペイン女」ウージェニーに向けられた。それも次第に公然とした露骨なものとなっていく。一八六六年に、エミール・オージェの社会劇『伝染病』を観劇したとき、ボックス席から挨拶した皇妃ウージェニーには、「お前の鼻面《はなづら》なんか見せるな！」と、痛烈な弥次《やじ》が飛ばされた。

十三年前の結婚の折にはあれほど歓迎されたウージェニーも、今は移り気なパリ市民の憎悪の的になっていた。彼女は心友メリメに訴えた。

――フランスでは、はじめは何をしたって構《かま》わないのです。でも、しばらくすると、もう洟《はな》をかむこともできません。

万国博覧会から二年後の一八六九年十一月にスエズ運河が開通する。五九年四月の着工以来、数万人に及ぶエジプト人を奴隷的な強制労働にかりたて、十年の歳月を要した難事業であった。

この間、フランスは政治的にも経済的にもさまざまな障害にぶつかり、ナポレオン三世も、一時はこの面倒な開削事業を断念しようと思ったほどだった。事実、六三年にはイギリスの横槍もあって、工事はしばらく停止されている。

しかし、ウージェニーは積極的だった。運河開通の推進者である従兄レセップスを、たえず励ましつづけた。皇帝の相談役で、絶大な影響力を持っていたモルニーの死（六五年三月）も幸いした。「永遠に優柔不断」だったナポレオン三世のこの異父弟は、運河開削事業の中止を強力に進言していたからである。

スエズ運河開通式

スエズ運河の開通式は十一月十五日。奇しくも聖女ウージェニーの祝日である。この日が特に選ばれたのは、熱心な開削派だったトルコ大守スマイル・パシャの粋な計らいだった。

皇妃ウージェニーはこの記念すべき祝典に、レセップスから主賓として招かれた。彼女は喜んで招待を受けた。

一八六九年九月三十日。ウージェニーは随員を連れてサン＝クルーを出発する。イタリア北西部の町アジェンタの古戦場――ここでは一八五九年、フランス・サルデーニャ連合軍がオーストリア軍を破った――を見たのち、ヴェネチ

皇室専用のヨット《レーグル》号

アを訪れ、それから皇室専用ヨット「レーグル」号に乗船してギリシアに向った。

　ヴェネチアには魅せられたのに、ウージェニーはギリシアには失望した。音楽に対すると同じように、美術への関心もなかった彼女には、アクロポリスやパンテオンも、「古びた石の山」にすぎなかったからだった。

　とりわけ古代民主制を確立したアテネの人々には、異常な嫌悪感を示しさえもした。彼女の頭のなかを、帝国を誹謗するオルレアン派や共和派のいまわしい幻影が過《よぎ》ったのかもしれない。同行の女官マリー・ド・ラルミナにこう打ち明ける。

　――あの古代のギリシア人たちは、どうにも虫が好かないわ。耐えがたいほどのお喋りで、いつだって内乱、暴動、陰謀のなかで生きているんですもの。要するに、手に負えない連中なのよ……

　ギリシアはどうにも好きになれなかったが、

「レーグル」号が黒海とマルマラ海を結ぶボスポラス海峡を通り抜け、一九二三年までトルコの首都だったコンスタンチノープルが跨《また》がるゴールデン・ホーン（金角湾）に入ったとき、ウージェニーはその景観に感動した。黄金丸天井の王宮や回教寺院の高い塔が、グラナダの宮殿やムーア風のスペインを思い出させてくれたからだった。船上から挨拶する彼女への、フランスでは望みえない民衆の熱狂的な歓迎も嬉しかった。

コンスタンチノープルには一週間滞在した。それから「レーグル」号は、アレクサンドリアをへて、十一月十五日の朝、スエズ運河北端のポートサイドに到着する。

一行は歓呼の声で迎えられる。エジプト民衆は、主賓ウージェニーの優雅さと、大事業を完成させたフェルディナン・ド・レセップスの勇姿に惜しみない拍手を送った。

次の日、「レーグル」号を先頭にスエズ運河の最初の渡航がなされた。運河南端のスエズでも群集は熱狂した。彼らは口々に、「フランス万歳！」「皇妃万歳！」「レセップス万歳」を繰り返した。数日間にわたった祝典は無事終った。

「レーグル」号は十二月二十四日に帰国の途につく。大役を果したウージェニーも満足感で一杯だった。

しかし、スエズ運河の開通式は、一八六七年の万博とともに、皇妃ウージェニーの晴れやかで美しい微笑みを見ることができた最後の晴舞台だった。

フランスに戻ると、政局は不安な一八七〇年に突入する。一月二日にはエミール・オリヴィエの内閣となり、ナポレオン三世の独裁帝国は「自由帝国」へと移行する。これはウージェニーの政治的役割の終焉《しゅうえん》だった。メリメは母親マヌエラに、不安なフランスの政情を報告した——「なぜかわかりませんが、誰もが恐怖におびえています」。

権力を失ったウージェニーもまた、なぜかわからない不安と恐怖を感じていたにちがいない。対策は何も見出せなかった。彼女は果して戦争を望んでいたのだろうか。

一八七〇年の普仏戦争の折、「この戦争は私の戦争」だと、そうウージェニーが放言したと伝えられているが、後年、彼女はこの伝説を否定している。

一九〇六年、地中海マルタン岬のシルノス荘（臨海荘）で、ウージェニーはインタビューに来た外交官モーリス・パレオローグに、その元凶は陰険なチエールだと語っている。

あの忌わしい伝説作りの責任はチエール氏にあります。一八七〇年七月二十三日、ビスマルクに宣戦布告したばかりの、ベルリン大使館一等書記官レスクールをサン＝クルーに迎えたとき、私が彼に、「この戦争は私が望んだものです。それは私の戦争なのです！」と言ったと、失礼にもチエールはそう断言してはばからないのです。

絶対にそんなことは申しません。わかっていただけましょうが、絶対に申しておりません、そんな罰当りな言葉は！　また、他の同じようないかなる言葉も、私の口から出てはおりません！　それに、のちになって、私はレスクールに問いただしました。彼は私が今もその原文を保持している手紙のなかで、私が彼の目の前で、戦争をひき起したと自慢したようなことは絶対にないと、正直に認めているのです。

ウージェニーの言うとおりかもしれない。だが、失言癖のあった彼女は、「戦争のみが、なお玉座を救いうる」といった、誤解を招くような放言を平気でする軽率な人間でもある。バライユ将軍の『回想録』には、戦争仕掛人として皇妃の名がはっきりとあげられている。

その唯一の人間ではないにしても、少なくとも皇妃が一八七〇年の戦争の主要な張本人であったことを、わたしはいやでも認めざるをえない。彼女は一八六六年に、いかなる過ちを犯したかを知っていた。すなわち、慎みのない主導権をにぎった彼女は、ビスマルク氏がビアリッツに持ってきた申し出を、皇帝が受諾しないようにしたのだった。彼女はこの過ちの償いをしようと思った。そのために、彼女は必死になって戦争を推進させた。その影響力は絶大だった。皇帝に対し、ほとんど限度のない権力をほしいままにしていた。彼女は魅力による以上に、皇帝が見誤ったあまりに多くの諸情勢の記憶によって彼を支配していた。

確かに、ナポレオン三世は多くのことを見誤った。それに決断力にも欠けていたから、その善後策はつねに後手をふんだ。そのたびにウージェニーの権力は強まり、「ほとんど限度のない」ものとなっていった。

そのうえ、一八七〇年の初頭から、皇帝の健康は絶望的に悪化する。夏のサン＝クルーではたえず悪寒をおぼえ、ストーブをたかせるほどだった。馬にも乗れず、身動きもできなかった。要するに手術を必要としていた。

こんな事態のときに、スペイン王位継承問題が起った。

一八七〇年六月、スペイン女王イサベル二世は息子（将来のアルフォンソ十二世）に位を譲った。しかし、実際上のスペインの支配者プリム将軍はこの譲位を認めなかった。将軍は王位継承者に、ホーエンツォレルン家のレオポルト公を推していたからである。

フランスはプロイセン王室の一族が王位につくことに強硬に反対した。とくに熱烈なカトリック教徒だったウージェニーは、母国スペインにおける教皇権力の減少を危惧し、ホーエンツォレルン家の立候補者を容認できなかった。

ことは次第に単なるスペイン国内だけの問題ではなくなってくる。不穏なフランス・プロイセン両国の深刻な外交問題もからむ重大事件となった。

幸いなことに、七月十二日、ホーエンツォレルン家のほうが折れた。レオポルト公が自発的に王位を辞退したのである。これで二国の国家利益が暗闘した複雑な一件も、「平和裡《り》に」片づいたかにみえた。

だが、ウージェニーだけは、問題が解決したとは思わなかった。彼女はナポレオン三世に不満をぶちまけた。

——こんな王位放棄は容認できません！　二度と王位候補者を立てないと、プロイセン国王が保証する必要があるわ！

皇妃の剣幕にあおられたナポレオン三世は、いつものように彼女の言いなりになった。

翌日、フランス大使は西ドイツの温泉場エムスに静養中のヴィルヘルム一世を訪れ、「プロイセン国王の保証」を求めた。

ヴィルヘルム一世はフランスの要望をはねつけた。プロイセン側にしてみれば、これはフランスの「言いがかり」としか考えられなかったからだ。国王はすぐにビスマルクに打電し、エムスでの会見の内容を知らせた。

電報を受けとったビスマルクは、これを政治的に利用しようと、「フランス大使がプロイセン国王を脅迫し、怒った国王が大使を追い返した」かのように改竄《かいざん》し、それを新聞紙上に発表した。「ゴールの牡牛《おうし》に対して赤いマントの効果を発揮するだろう」というのが、ビスマルクの心づもりだった。

これが史上に名高い「エムス電報事件」である。

ビスマルクの思わくどおり、効果は覿面《てきめん》だった。「ゴールの牡牛」ナポレオン三世は激怒し、フランスの好戦主義者の反プロイセン感情を刺戟《しげき》した。一方、プロイセン側の志気高揚にも少なからず役立った。

一八七〇年七月十九日、フランスはプロイセンに宣戦を布告する。

軍事力に劣るフランスはプロイセンの敵ではなく、たちまち蹂躙《じゅうりん》された。

開戦一週間後のナポレオン三世は、やつれ果てて背は曲がり、蒼白な顔をした廃人同様の人間だった。馬に乗ることはもちろん、歩くことさえ大儀《たいぎ》だった。

ウージェニーは、そんな皇帝を敢えて前線に送ろうと決意した。敗色濃いフランス軍の陣頭指揮をさせるためだった。これにはマチルド皇女も呆《あき》れ、ウージェニーに詰問した。

――あんな人間を戦場に送るおつもりなの？

皇妃は少しも動じなかった。

――そうよ、樽《たる》から抜いたお酒は飲まなきゃならないわ。私のように、三度も摂政《せっしょう》をつとめた皇妃は、まずいないんじゃないかしら。

七月二十八日、ナポレオン三世は中尉の肩書を持つ皇太子ルイを連れてメッスに向かった。

しかし、生ける屍《しかばね》の皇帝がメッスにやってきたところで、戦局の好転は絶望的だった。八月のはじめにはライン、モーゼル方面の国境を突破され、ストラスブールも攻撃される。ロレーヌ方面からのプロイセン軍にはメッスを包囲され、ついに九月二日、ナポレオン三世は十万の軍隊とともにスダンで降服する。

スダン落城の折、ナポレオン三世はウージェニーに電報を打った。

スダンの敗戦

わが軍敗退せり。兵士たちに囲まれて自ら命を絶つことも不可。軍隊を救うべく、予は捕虜となることを決意す。

同時に、彼は一通の手紙も書いている。

親愛なるウージェニー、どんなにわたしが苦しみ、今なお苦しんでいるかをお前に言うことはできない。われわれはあらゆる原則、世の常識に反する道を歩んだ。そうしたことは、必ずや大惨事をもたらすにちがいない。それは完璧きわまりないものだった。かくも惨めな降服の生き証人となるよりは、わたしは死を選びたい……

ナポレオン三世降服の通報に、ウージェニーは怒りと絶望の複雑な気持を隠しきれなかった。居並ぶ者たちの前で、狂乱状態の彼女は叫んだ。

――あなたたちは、あの連中が何を言っているのか、わかっているの？　皇帝が負けたの、降服したんですって！　あなたたちは、そんな屈辱を信じるの？

その場に居合わせた警視総監コンチが宥《なだ》めようとしたが駄目だった。彼女は総監に口を挾《はさ》ませず、一方的にどなりまくった。

――ナポレオンは降服なんかしないわ！　死んだのよ！　それを私には隠そうっていうのね！　なぜ彼は自ら命を絶たなかったのかしら？　名誉を失ったと思わなかったのかしら？

ウージェニーは地方に政府を移すことも計画していた。廃人の夫は別として、フランスと息子の将来を考えてのことだった。そのためには自分の地位を放棄するわけにはいかない――これが彼女の決意だった。

ジュール・ファーヴル

しかし、九月四日、コンコルド広場でガンベッタやジュール・ファーヴルに煽動されたパリ民衆は、共和政の樹立を叫びながら立法院と市庁に押し寄せ、ついにその日の夕方には共和政が宣言された。同時に、パリ総督トロシュ将軍を首班とする「国防政府」も成立した。
チュイルリー宮のウージェニーは、それでもなお実現不可能な夢想に耽《ふけ》っていたのだろうか。そのとき彼女は、窓から飛びこんでくる、「スペイン女を打ち倒せ！」という民衆の怒号《どごう》を耳にした。それは八十年前の、あのマリー・アントワネットに浴びせられた、「オーストリア女を打ち倒せ！」という叫びを思い出させるものだった。彼女はしずかに目をとじた。

内務大臣アンリ・シュヴローが民衆の立法院侵入を伝えにくる。ウージェニーはチュイルリー防衛指揮官メリネ将軍に尋ねた。

——将軍、兵器を使わずに宮殿を守ることができるとお考えですか？

——それはできないと思います。

——じゃ、もう打つ手は何もないわ。私は内戦を望みませんもの。

警視総監コンチが警告する。

——皇妃、一時間後には、あなたは奴らにとらえられ、無理やり退位させられましょう。

シュヴローが横から口を出す。

——ランバル公爵夫人のことを思い出してください。

ランバル公爵夫人はマリー・アントワネットの最も親しい友人だったが、一七九二年の四日間に及ぶ「九月虐殺」の痛ましい犠牲者である。

ランバル夫人を惨殺した暴徒たちは、夫人の血まみれな生首を槍の穂先にかかげ、裸同然となった胴体の脚を引っぱって、タンプル塔に幽閉されていたルイ十六世夫婦に見せにきたのだった。彼らはランバル夫人を売女《ばいた》とののしり、王妃マリー・アントワネットにはその口に接吻せよと要求さえもした……

もちろん、ウージェニーは大革命時代のこの酷《むご》いエピソードを知っている。脳裡《のうり》を悪い予感が走ったにちがいない。

オーストリア大使メッテルニッヒ公爵とイタリア大使ニグラが「友人として」チュイルリー宮に駆けつけ、脱出を勧告する。

宮殿には、ほとんど人影もなかった。大部分の召使たちはすでに逃げてしまい、皇妃のそばには一握りの忠実な者だけが残っているにすぎなかった。

事態がこうなってしまっては、ウージェニーも脱出を決意せざるをえなかった。だが、チュイルリーの庭園は興奮した民衆であふれ、危険はますます大きくなっていたので、ルーヴル博物館の狭い廊下を抜けていかねばならない。一行は博物館のいくつかの部屋を通り、やっとのことでサン＝ジェルマン＝ロクセロワ広場に出た。

ウージェニーは何も持っていなかった。肩にコートを引っかけ、財布には一銭の金もなかった。風邪をひいていたため、二枚のハンカチーフを所持していたにすぎなかった。

外に出ると辻馬車を呼びとめ、付添いのルブルトン嬢と二人だけでそれにとび乗り、オスマン大通りの参事会員ベソンの屋敷に走らせる。彼は不在だった。やむなく、新しい辻馬車に乗りかえて、今度は侍従のプリエンヌのところへ。彼もまた不在だった。

三度目に訪れたのは、マラコフ通りのアメリカ人歯科医トマス・エヴァンズの家だった。あいにくなことに彼も家を空けていたが、召使いが中に入れてくれた。

エヴァンズは一時間後に戻ってきた。

ウージェニーは彼に英国行きの援助をしてほしいと哀願した。彼女の顔は死人のように蒼白だった。幸い、エヴァンズは皇帝一家に生涯変らぬ友情を示してくれた人間の一人だった。彼は快く皇妃の頼みをきいてくれた。

この行動力のあるアメリカ人は、彼の妻がヴァカンスを送っているドーヴィルのオテル・デュ・カジノへ行くようにとすすめてくれた。そこからなら、英仏海峡を渡るのが容易だったからだ。

エヴァンズの指示どおり、ウージェニーとルブルトン嬢の馬車は、翌朝五時にポルト・マイヨを抜け出し、夕方六時にドーヴィルに到着した。すぐにエヴァンズの友人バーゴイン卿のヨット「ガゼル」号を借り、深夜にトルヴィユ港を出航、次の日の朝六時に、イギリス海峡のワイト島の北岸ライドに着いた。

一七九一年六月、ルイ十六世はヴァレンヌへの脱出を試みたが、ウージェニーにとってこの逃避行は、まさに彼女の「ヴァレンヌ脱出劇」であった。

ルイ十六世夫婦は不運にもヴァレンヌで逮捕され、パリに連れ戻されたが、ウージェニーの脱出は一応の成功を収めた。

やっとのことでライドに辿りついたものの、ウージェニーの衣服はぼろぼろとなり、染みだらけだった。疲労困憊《こんぱい》しきった彼女の顔には生気もなく、かつてあれほど人を魅了した優雅さも認められなかった。おかげで、最初に投宿しようとしたホテルでは、「店の評判を傷つけかねないような身なりの人物」として、宿泊を断わられた。

二軒目のヨーク・ホテルの主人は、そんな気難しい人間ではなかったので、一行はほっと一息ついた。エヴァンズが宿帳に記入する――「トマス氏とその妹、ならびに友人のレディ一名」。

こうして逃亡の一夜があける。

あまりの疲れに、ウージェニーはなかなか寝つけなかった。すると、いつしか醒《さ》めた彼女の頭のなかに、「いつの日か息子はフランスを支配するだろう」という夢想が、いつまでも甦《よみがえ》りつづけた。

第七章　流《る》　謫《たく》

ウージェニーがワイト島に落ちのびたとき、スダンで捕虜となったナポレオン三世は、ダンケルク南方の典型的なフランドルの町カッセルに近いヴィルヘルムスヘーエの館に幽閉されていた。プロイセン国王ヴィルヘルム一世が指定した抑留地だった。

プロイセン国王は囚《とら》われのフランス皇帝に寛大であり、最大限の敬意も払ってくれた。日常の行動もそれほど束縛されていたわけではなく、手紙を書くことも自由だった。

ナポレオン三世は息子がベルギーのナミュールにいることを知ると、さっそく手紙を送り、イギリス行きを促した。たぶんウージェニーもイギリスに亡命していると、彼は考えたからだった。

皇太子はナポレオン三世の指令に従い、ナミュールからイングランドの海港へイスチンズに渡った。

皇妃とエヴァンズたちは、ワイト島から軍港都市ポーツマスの南北区サウスシーに上陸したが、そこで皇太子がへイスチンズにいることを知った。

ウージェニーはこの思わぬニュースに、「息子を返してくれた」喜びを涙を流して神に感謝し、ただちにヘイスチンズに向った。そして九月十一日、彼女はこの地から久しぶりの手紙を母親マヌエラに書いた。

ほんとに懐しいお母さま、数々のきびしい苦難を乗りこえてきた今、私もやっと手紙を書くことができるのです。ぜひあなたにも知っておいてほしいのですが、私は共和政宣言がなされ、チュイルリー宮侵入が行なわれたのちに、やむなく出発したのです。ですから、自分の地位を放棄したのではありません。これからの計画については、今は何も申しあげられません。もし何の干渉もないのなら、皇帝のところに出向くつもりです。しかし、もうしばらくしないと、最終的なことは何もきめられないでしょう。われわれのことを、あなたにお話する元気もありません。私たちは非常な不幸に見舞われています。神の摂理に苦しめられています。でも、どうかその御心が……

かしこ

不幸な娘ウージェニーより

一七九三年一月二十一日に執行されたルイ・カペー（ルイ十六世）の処刑後、王妃の称号を奪われたマリー・アントワネットは「カペー未亡人」と蔑視され、人質の「オーストリア女」に成り下がった。

イギリスに落ちのびた皇妃ウージェニーの場合も同様だった。母親宛の手紙には、「自分の地位を放棄したのではない」と書かれてはいるけれども、失脚した彼女はもはや一介の「スペイン女」にすぎなかった。

しかし、マリア・テレジアの娘として、最後までハプスブルク家の自尊心を失わなかったマリー・アントワネットと同じように、ウージェニーもまた、カスティリャの誇りと勇気を持ちつづけた。

九月四日の宿命の日にも、パリ退去を進言する傅育《ふいく》係オーギュスタン・フィロンに、ウージェニーは毅然として言ってのけた。

——私は動きませんよ。でも、誰も銃を撃ったりはしないでしょう。

ウージェニーは本当に皇妃の誇りと勇気だけで暴動に対処しうると思っていたのだろうか。数年後に、彼女はこの日のことを回想し、フィロンにその真意を打ち明けている（オーギュスタン・フィロン『皇妃ウージェニーの思い出』）。

私は死なんか怖《こわ》くなかった。私が恐れていたすべては、何人かの意地悪女の手中に落ちることでした。あの連中ときたら、私の死に何らかの恥ずべき、あるいは笑うべきエピソードをつけ加えるでしょうし、私を虐殺することによって、何か体面をけがすようなことをしようとするにちがいないのです。私は捲《まく》りあげられたスカートを想像し、耳には残忍な笑い声が聞こえましたよ。いいですか、あのトリコトゥーズどもの子孫は絶えませんものね。

ウージェニーが嫌悪したトリコトゥーズとは、フランス大革命当時、国民公会や革命裁判所や死刑執行に編み物持参で立ちあった下層階級の女たちである。一七八九年の十月に、飢えたパリ民衆の先頭に立って、「王妃の腹を裂いてやれ！」と叫びながら、篠つく雨のなかをヴェルサイユへと向ったのも、こうした類《たぐい》の女たちだった。

確かにウージェニーは暴動や革命を恐れてはいなかったけれども、トリコトゥーズどもの辱めだけは耐えられなかった。そんな不名誉な仕打ちを受けるくらいなら、誇り高いアンダルシアの女として甘んじて死を選ぶだろう。

皇妃の座を追われたウージェニーは、一介の女性に戻ってもいた。スダン敗戦の折には、激昂のあまり、「なぜ自殺しなかったのか」と意気地ない皇帝を責めた彼女も、ヴィルヘルムスヘーエの囚人に思いをはせながら悔恨の念にとらわれた。これは妻としての夫への思いやりだった。ヘイスチンズのマリン・ホテルでニューヨーク・タイムズの記者のインタビューに、彼女は皇妃としてではなく、妻に戻った女として応待している。

新聞記者は無遠慮に尋ねた。

——イギリスで生活するために充分なお金をお持ちなんでしょうか？　それとも、ヴィクトリア女王から借金をなさるおつもりなんでしょうか？

元皇妃は美しい微笑をたたえながら、やんわりと皮肉をこめて答えた。

――ご安心くださいませ。苦境におちいる前に、お針子になったり、馬の訓練をしたりすれば、生計も立てられると思いますわ。

オーストリア皇帝のすすめもあって、ウージェニーは、当時はまだオーストリア領だったトリエステで暮そうと思ったが、夫の願望に従い、イギリスにとどまることにした。

長い亡命生活をイギリスで送ってきたルイ・ナポレオンには、ナポレオン一世のセント・ヘレナ島流刑という忌わしい思い出はあるにせよ、この国は自分たち夫婦を快く迎えてくれる唯一の土地と思えたからだった。それにウージェニーに好感をもっていたヴィクトリア女王の存在は、彼らにとって何かと心強かった。ウージェニーもこの点に関しては異論もなかった。

フランス脱出に当っての歯科医エヴァンズの働きはすさまじかったが、ここでも彼は献身的に奉仕してくれた。

ウージェニーの決意がきまると、エヴァンズは早速、ケント州のチスルハーストに仮の住居キャムデン・プレイス館を探してくる。一世紀をへた古びた家ではあったけれども、家賃は年五百ポンド。もはや皇妃ではなく、身のまわりの品すら充分でないウージェニーには、分相応な住居だった。

チスルハーストに身を落ちつけると、オーギュスタン・フィロンやコンノー博士など、忠実な昔の仲間たちが訪れてくる。ロンドンからは無一物の元皇妃に、心友メッテルニッヒ公爵夫人や侯爵

チスルハーストの亡命者たち

夫人からの差し入れが到着する。さらに嬉しいことには、ヴィルヘルムスヘーエからの手紙も舞い込んでくる。ウージェニーは果して受取人の手に届くものかどうかと懸念しながら、愛情のこもった返事を送る。

折り返しルイ・ナポレオンの便りがくる。

あなたの手紙は、きわめて優しい慰めです。あなたは何ひとつ自分の苦しみ、自分が冒した危険のことは申しません。じつに困難な時期におけるあなたの勇気を、誰もが褒《ほ》めたたえています……

ウージェニーはヴィルヘルムスヘーエの囚人を励ましつづける。

われわれを取り囲む人たちの影がまばら

になればなるほど、私たちはぴったりと結ばり合うでしょう。手に手を取って、神命を待ちましょう。あの過ぎさった数々の栄華から、われわれを切り離すものは何もありません。私たちは一体です、今度は以前にもまして一体です。なぜなら、われわれの苦悩と希望とは、息子ルイの懐しいあの小さな顔の上でも一つに溶けあっているでしょうから……

十月の終りに、ウージェニーはヴィルヘルムスヘーエに出向き、久しぶりに夫と会った。ルイ・ナポレオンは彼女を強く抱きしめ、二人は涙を流して再会を喜び合った。滞在はわずか二日だったが、お互いの絆《きずな》をいっそう強くした。

年が明ける。一月三十日は結婚記念日である。ウージェニーは十八年前のノートルダム大聖堂での式典を思い起しながら、心高ぶった手紙を認《したた》める。

幸せな時代には、私たちの絆は弛緩《しかん》しかねませんでした。私は絆は断ち切られたと思いました。だが、その強固さの証《あかし》のためには、嵐の日も必要だったのですね。私は以前にもまして、福音書の言葉、「妻はどこにおいても、幸せなときも不幸なときも夫とともにあらん」を思い出しています。あなたとルイ、それは私にとってのすべてですし、あなた方は私の一切の家族と祖国に取って代るものです。フランスの不幸は私の心に深い衝撃を与えています。しかし、過去のものとなったわれわれの生活の輝かしい側面に関しては、一瞬たりとも悔いておりません。いずれは離ればなれのわれわれが一つに結合すること、それが私の願いとするところなのです……

一八七一年一月の独仏休戦条約後、ナポレオン三世はキャムデン・プレイス館で生活することを許された。ウージェニーの、「離ればなれのわれわれが一つに結合する」という願望は、意外と早く到来した。

元皇帝夫妻の周辺には忠実な廷臣たちも集まり、小さな宮廷もできる。亡命生活のおかげで、ルイ・ナポレオンの健康も小康を保っていた。

八月にウージェニーはスペインに旅立った。その名目は、すっかり老齢化し、完全な盲目となってしまった母親マヌエラに会うためだった。

しかし、このスペイン行きの本当の目的は資金づくりだった。ウージェニーはマドリッドで自分の土地を売っている。何のために？　もちろん、第一に生活費のためだった。そしてまた、心の奥底に燻《くすぶ》りつづける「ボナパルト家復興」という見果てぬ夢のためでもある。

第二帝政崩壊後、パリには国防政府が成立し、さらに七一年三月には革命政権パリ・コミューンも樹立されたが、王党的なチエール政府との確執は凄惨《せいさん》だった。五月二十二日から二十八日にかけてのヴェルサイユ政府軍による殺戮《さつりく》は、「血の週間」として史上に汚点を残す。パリ・コミューンは悲劇的な潰滅《かいめつ》をなし、八月にフランス共和国大統領に就任するチエールと王党的国民議会は勝利を収めた。

ウージェーヌ・ルエール

反動の季節が訪れる。王政復古も企図される。失墜したボナパルト家にとっても好機到来だった。一八七二年二月には、ナポレオン三世の片腕として活躍した、かつての「副皇帝」ウージェーヌ・ルエールがコルシカ島の国民議会議員に選出される。これは元皇帝夫妻にとって、心強い朗報だった。彼らはこんな気運に便乗し、ひそかに新たなクーデタをさえ目論《もくろ》む。

このためにルイ・ナポレオンは、一八七二年十二月、彼にとって最後のものとなった会議を開いた。そして、翌七三年一月三十一日には、馬にも乗れず歩行もできない病状をおして、ベルギーの港湾都市オーステンデまで船で旅立ち、さらにケルン、バーゼル、リヨンと廻る予定だった。ウージェニーのほうも七三年一月九日に、ロンドン東部の自治区ヴーリッジにいる息子に会いに行くことにしていた。

ルルーの愛称で可愛がってきた息子も今は十七歳、この地にある大英帝国士官学校の勤勉な学生だった。元皇帝夫妻の側近たちは、内輪では「ナポレオン四世」と奉っていたが、帝位に君臨し、ボナパルト家復興の重責を果すにはまだ荷が重すぎた。

息子の逞《たくま》しい成長ぶりを確かめようと、ウージェニーは母親としての夢をふくらませていた。そのとき、緊急の知らせが入った。皇帝危篤《きとく》。彼女は出発を断念しなければならなかった。大急ぎで病室に入ってみると、病人は断末魔の状態だった。そして午前十一時に、ルイ・ナポレオンは、最後まで権力という野心に取りつかれたまま、息をひきとった。

息子のルルーが士官学校から駆けつけたとき、狂乱したウージェニーは彼の腕に飛びこみ、絶叫した。

——もうお前しかいない！

ルイ・ナポレオンは包括名義受遺者に妻を指定していたが、彼の死は母としてのウージェニーの責任を一段と重くした。まだ未成年者のルルーを、帝位につける立派な人間に育ててあげなければならなかったからである。

未亡人となったキャムデン・プレイス館での生活がはじまる。刺繡《ししゅう》をしたり、昔馴染《なじ》みの訪問客を受けたりして日々をすごしたが、息子も学校に戻ってしまった館の生活は単調だった。

夏には息子とともに、夫が青春時代を送ったアレネンベルクに出かけたけれども、それは一時の気晴らしとしかならなかった。活動的なウージェニーには、キャムデン・プレイスの変化のない日常は耐えられなかった。

一方、フランスの国情のほうは、相変らず激しくゆれ動いていた。

一八七三年五月にはチエールに代って、やはり熱烈な王政主義者のマクマオンが大統領に就任したが、パリ・コミューン攻撃の総司令官をつとめたこの元師は、王政復古に努力する。八月にはブルボン・オルレアン両王家合併による王政復古も計画された。この計画は両王家の折合いがつかず、結局は挫折《ざせつ》してしまったものの、時代の波は王政ないしは帝政の再興を夢みる者たちにとって、決して不利ではなかった。

こんな情勢のなかで、ルルーは十八歳の成人に達した（一八七四年三月）。ウージェニーの生活も、にわかに活気づいてくる。キャムデン・プレイスの館には、時流に便乗したボナパルティストが次々と訪れ、パリから旧帝政の高官どもも参上して忠誠を誓ったからである。興奮した彼らの「皇帝万歳！」の叫びに、ウージェニーは歓喜の涙を流した。

ルルーは「ナポレオン四世」としてボナパルト党の党首となったが、まだヴーリッジで勉学中の身だったので、実際の党指導に当ったのはウージェーヌ・ルエールだった。ウージェニーから全面的に信頼されていたこの元「副皇帝」は、マクマオンの大統領就任に一役買った人物でもある。ウージェニーは前途に光明を見出していた。

だが、ヴーリッジの士官学校を卒業した皇太子ルイは、すぐには戻ってこなかった。イギリスの連隊に入り、青年貴族として自由な生活を楽しんだからである。若い彼には、「ナポレオン四世」の肩書は重苦しかったし、母親の後見は煩《わずら》わしかった。

彼はしばしばロンドンに遊びに出かけた。しかし、充分な小遣いに恵まれていたわけではなかったので、ロンドン在住のフランス人理髪師のところに一室を借りて享楽費を捻出した。彼はそこで仲間たちと徹夜で浮かれ騒ぎ、ロンドン行きの列車のなかで知り合った「いとしいロティ」を迎え入れた。

「いとしいロティ」は赤毛の愛らしい娘だった。若き皇太子は一目惚れをした。ロティもそれに応えたが、相手がいかなる身分の男性であるかは知らなかった。というのは、皇太子ルイは、ルイ・ウォーターなる偽名を使っていたからだ。母親に知られることを恐れたからだろうか。それとも、経済的な理由から、恋人に対して身分相応の応対ができなかった純情な皇太子のプライドのせいだろうか。

クロード・デュフレーヌによれば、この恋は若く不慮の死をとげた皇太子の、生涯における唯一のものであるという。ギイ・ブルトンのような逸話好きな史家は、ほかにも数人の恋人名をあげているので、ことの真相はわからない。

ロティとのロマンチックな恋は一年ほどつづいたが、その頃、南アフリカではズールー戦争が勃発した（一八七九年）。イギリス植民地支配を潔しとしなかったズールー国王の反乱である。

もちろん、これはあくまでもイギリスの問題である。

にもかかわらず、フランスの皇太子ルイは英国遠征軍に参加した。なぜ彼が恋を棄て、母親の反対を押しきって、死の危険をともなった僻地《へきち》の戦場に赴いたのか、この真相もわからない。ただ、はっきりしていることは、万事につけ母親ウージェニーの束縛から逃れられなかった息子ルイが、はじめて公然と示した反抗だった。

ルイの固い決意を覆せないことを知ったウージェニーは、一八七九年二月二十七日、息子を英国南端のサウサンプトン港まで送った。ルイはここから「ダニューヴ」号に乗り、ほぼ一ヵ月後に南アフリカに到着することになる。ウージェニーは母親として息子の運命を案じながら、次第に遠のいていく「ダニューヴ」号を、ホテルの窓から見つめつづけていた。

四月になって、無事到着の手紙がやっと届く。五月初旬にも便りがくる。これには原地の風景を描いたルイのデッサンも同封されていた。さらに六月十五日には二通。ウージェニーは元気な息子の姿に満足し、神の加護に感謝した。

だが、もうこのとき、ルイはこの世にいなかった。六月一日に英国の哨戒《しょうかい》部隊に参加して前線に出た彼は、ズールー族の猛反撃に落馬して逃げおくれ、無惨にも虐殺されていたからだった。

皇太子戦死の電報がイギリス本土に入ったとき、あまりの悲報にヴィクトリア女王も言葉につまった。しかし、ウージェニーに知らせないわけにはいかないので、すぐに侍従長シドニー卿をキャムデン・プレイスに差し向けた。

急遽キャムデン・プレイスに参上したものの、侍従長はウージェニーにことの事実を報告しかねた。よってこの辛い仕事は、老公爵バッサノが引き受けた。彼は恐る恐る、しずかに申しのべた。元皇妃の顔はみるみる蒼白になった。

——息子が負傷したんですか？　私はすぐにケープタウンに行きます！

老公爵は悲痛な思いで、はっきりと言った。

——残念なことに、もう遅すぎるのでございます！

この一言で、ウージェニーは一切を理解した。人目もはばからずに泣きじゃくり、雷に打たれたように、どっと倒れた。

息子の死後、ウージェニーは虚脱した毎日を迎えるだけだった。人に会うのも煩わしかった。母親のマヌエラが不自由な身体に鞭《むち》打って——彼女は八十五歳の老齢だった！——哀れな娘を慰めに来ようとしたときにも、ウージェニーは断固として断わった。

お願いですから、お出でになるなんてことは、なさらないでください。私は残酷な苦しみに見舞われました。私には孤独が必要なのです……現世の無常と向き合って一人でいたいのです、神と二人だけになりたいのです……時の流れに気を鎮めさせてください。私を愛する人々は、私の苦悩と孤独を尊重してくださるにちがいありません……

皇太子ルイは遺体となって、七月十日にイギリスに帰ってきた。二日後に、チスルハーストの小さな教会で、ヴィクトリア女王も個人的に列席して葬儀が行なわれる。当日がくるまで、ウージェニーは棺《ひつぎ》のそばから片時も離れず、夜は一睡《いっすい》もしなかった。

葬儀が終り、数週間、数ヵ月が過ぎた。虚脱状態がいつまでもつづく。息子の死後すぐに、ウージェニーは母親マヌエラに、「私はもう生きておりません。死を待つばかりです」と書いたが、ウ

喪服姿のウージェニー

ージェニーが口にするのは死者の思い出だけだった。

十九年前の一八六〇年に最愛の姉パカに死なれ、つづいて夫、若い姪《めい》ルイズ、そして息子……ウージェニーは次から次へと身内を失った。とりわけルイの死の衝撃は大きかった。彼女は一切の生きる希望をなくし、政治的野心を完全に放棄することになる。

さらに、十一月には母親マヌエラが死亡する。ウージェニーの周辺には、もう誰もいなくなった。

母親の葬儀にスペインに行き、ふたたびイギリスに戻ってくると、ウージェニーは息子が戦死した場所を、聖地を巡礼するキリスト教徒のような気持で、ぜひ訪れてみたいと思った。

ズールー族の反抗は、まだ完全におさまったわけではなく、現地は不穏であったにもかかわらず、一八八〇年三月二十八日、ウージェニーは息子の旧友二人とバッサノ公爵を連れて英国を発った。二十日後に、ケープタウンに着く。五十歳をすぎたウージェニーには辛い船旅だった。

息子の死体が運ばれてきた土着民の村イトルジに行くには、さらに三週間がかかる。熱さと熱病に悩まされ、原住民の襲撃を警戒しながらの、苦しく不安な旅程である。

五月二十五日に、ウージェニーの一行はやっとのことで、息子が逮捕された忌わしいクラアルにたどりつく。野営部隊が駐屯していた。

その晩、ウージェニーは不可解な衝動にかられた。ひとりテントを出ると、いつしか息子が虐殺された地点へと向っていた。

荒涼とした悲しいところだった。周囲には背の高い草が生い茂っていたが、この一郭《いっかく》だけは刈りとられ、セメントのタイルが敷かれていた。そして、ルイが最後に息を引きとった場所には、ヴィクトリア女王から贈られた十字架が立っていた。


息子の供養をすませ、キャムデン・プレイスに戻ったウージェニーは、余生をイギリスですごしたいと思った。二度とフランスの土地をふむ気もなかった。時代はもう皇妃ウージェニーのものではない。

イギリスに定住するためには、それまで借りていたキャムデン・プレイスの館を、ぜひとも自分のものにする必要がある――ウージェニーはそう考えた。

しかし、チスルハーストの小さな教会の、夫と息子が眠り、やがて自分も入ることになる墓地があまりにも手狭《てぜま》だったので、この計画を断念した。ウージェニーは自分たちにふさわしい霊廟《れいびょう》の建立を思いついたのだった。

そこで住居を、ロンドンから五十キロほど離れたファーンボロー・ヒルに移し、そこに教会を建てることにする。

教会は一八八七年に完成するが、ウージェニーは夫と息子の墓地のあいだに、自分の墓地用の空間を残した。

また、新居を囲む公園を、敢えて「コンピエーニュ」と命名した。

ウージェニーは追憶に生きる人間になっていた。

一八九四年十月にはスパイ事件として名高いドレフュス事件が世間を騒がせたが、もう政治人間ではなかったウージェニーは、右翼やボナパルティストたちとは何の関係も持たなかった。それどころか、ドレフュス糾弾に同調せず、信じられないことだが、ゾラやクレマンソーと立場を同じくした。彼女はユダヤ人ドレフュス大尉の無罪を固く信じて疑わなかった。

一八九八年には米西戦争。母国スペインの、キューバにつぐフィリピン喪失に強く心を痛めた。

一九〇一年、義兄のアルバ公爵、愛するハイメも死亡する。この年には、長年にわたって心の支えだったヴィクトリア女王も、八十二歳で世を去った。

そして、一九〇四年には宿敵マチルド皇女も、スイスにおいて八十四歳の生涯を終える。

時の流れは、すべてを追憶のなかにしか残さない。

ただ、高齢化したウージェニーには、ファーンボロー・ヒルの冬だけがきびしい。彼女は暖かい南仏カンヌの、海沿いの絶壁に広大な別荘を購入し、「シルノス」(臨海荘)と名づけた。

一九一一年の夏、「シルノス」のささやかな小宮廷の小姓役をつとめ、『皇妃ウージェニー』の著書もあるリュシアン・ドーデが一人の青年詩人を、「折から散歩中」の老皇妃に紹介する。二十二

カップ・マルタンの《臨海荘》

歳のジャン・コクトーである。

コクトーはのちに、『記念写真・一九〇〇年―一九一四年』（一九三五、邦訳名『わが青春記』堀口大学訳）のなかで、そのときの感動を懐しく回想する。


女皇は曲線になっている並木道から出て来られた。ド・モラ夫人とクラレー伯がお供について来た。女皇は僧服のようなものを召され、僧冠をかぶり、撞木杖を力に、山羊の妖女のようなお姿で坂道をのぼって来られた。最初、僕を驚かしたのは、彼女が小柄なことだった、彼女の息子を暗殺したズール蕃人どもが作る人間の首のミイラのように、ちぢまった彼女の五体、この日向に於けるインクの汚点《しみ》が、僕を驚かした……

顔は昔のままだ。持ち前のデリケートな瓜

実顔に変りは無い。どうやら、或る不幸な若い女が、あまりにも手で顔を蔽いすぎたため、ついには両手の指のあとが顔に残ったかと見受けられた。目は相変らず青空の色をとどめていたが、もはや力は失せていた……

女皇が立止る、青い水が僕の身長を測る。リュシアンが僕を紹介する。すると彼女が口を開く、「あたくしにはもう、詩人に勲章は上げられませんが、代りにこれを上げましょう」。――素早い身振りで、彼女は、白い沈丁花の一枝を手折って僕に与え、僕がそれをボタン孔に挿すのを見つめながら、散歩をつづけられる……

元皇妃ウージェニーはコクトーと終始楽しく歓談した。彼が別れを告げたとき、彼女は「また来てほしい」と言ったが、詩人はその喪服姿の小ぢんまりとした身全体《からだ》に、「廃墟に生命を息吹《いぶ》かせる蜥蜴《とかげ》の小さな稲妻のように、若さの輝きが貫く」のを見た。

詩人の言葉どおり、もはや歴史の生証人にすぎなかった元皇妃の身全体には、「廃墟に生命を息吹かせる」稲妻のような一瞬の若さが輝いていたにちがいない。

だからウージェニーは、訪問客がなければ、驚いたことに、徒歩でモンテ＝カルロにも出向いたし、カンヌにメリメの墓を尋ねた。クルザー・ヨット「ティストル」号を手に入れ、エジプトまで航行してスエズにおける最後の栄光を楽しみ、ノルウェーのフィヨルド巡りもした。

しかし、どうしてももう一度行ってみたかったのは、母国スペインであり、パリだった。前者に

1914年のウージェニー

は娘時代の思い出の数々があり、後者には栄光の残照が快い追憶をさせてくれるからだった。マドリッドで、ウージェニーは八十歳の老人の訪問を受けた。かつての恋人アルカニエス侯爵だった。ある日、二人でトランプをしているときに、彼女は老侯爵に言った。

——今でもそう思っていますが、その昔、あなたは私との結婚をお断わりになったのね……

アルカニエスはやさしく答えた。

——そうだよ、エウヘニア、今後も、あなたとは絶対に結婚しないだろうね！

二人の恋人は、半世紀以上昔のことを思い返しながら、楽しく笑った。

パリではコンチネンタル・ホテルに泊り、しばしば忠実なお供のピエトリを連れて、チュイルリーの庭を散歩した。皇妃ウージェニーの栄華の象徴だった宮殿は、パリ・コミューンのときに焼け落ち、廃墟となったそのあとには石の塊が転がっているばかりだった。彼女はピエトリにささやいた。

——私たちは、お互いに見つめ合っている二つの廃墟ね！

こんな冗談を交し合った話相手も、一九一六年には頭がおかしくなってくる。ピエトリは、ウージェニーに毒殺されるという妄想に取りつかれる。これには彼女も本当に心を痛めた。日夜看病につとめたが、ピエトリはついに正常に戻ることなく、死出の先駆けをつとめた。

九十歳のウージェニーは完全に一人ぼっちになった。おまけに右眼は白内障となり、左眼にもその徴候がみえる。母親と同じように盲目となるのだろうか？　彼女は日夜、こんな不安に襲われた。

ウージェニーはロンドンで手術を受けようと決意する。しかし、当時、白内障の手術はまだ始まったばかりで、医者たちはためらった。

一九一九年十二月、ウージェニーは眼の治療のためにパリに向った。

パリの医者たちもロンドンの仲間たちと同じ考えだった。九十歳をすぎた老人に、クロロホルムの使用は危険と判断したのである。結局、手術は諦めなければならなかった。

ウージェニーは医者たちの反対を押しきって、もう久しく行っていないカップ・マルタンのシルノス臨海荘を訪れたいと思った。それから、スペインにも。元皇妃のパリ滞在を知って駆けつけたモーリス・パレオローグに、彼女はこの計画を打ち明けた。

——いまの私は、もう老いさらばえた蝙蝠《こうもり》にすぎません。でも、私は蝶《ちょう》のように、つねに光を追い求める必要があるのです。もう一度、私のカスティリャが見たいわ。

一九二〇年一月、ウージェニーは五年ぶりに臨海荘に戻ってきた。

旅の疲れのために、健康が急激に悪くなる。視力もいっそう衰える。見舞にきた甥の息子のアルバ侯爵に、彼女は訴えた。

——書物も新聞もない生活は、私には耐えがたいものよ。幸いに、私のこの世の旅も終りに近づいています。春になったら、あなたに会いに行きたいわ。やがて視力もなくなるだろうと、そう言われています。最後にスペインを見たいと思うわ。自分が生まれたあの国で、私の眼は最後に光を見ることになるでしょう。

誰もが瀕死《ひんし》の状態と思っていたのに、四月二十二日、ウージェニーは残された唯一の願望をとげようと、ヨットに乗ってジブラルタルに向った。「アンダルシアの太陽は、自分の眼に悪いわけがない。故郷の香りは、私を甦《よみがえ》らせるだろう」――彼女はこう確信していた。

スペインの若き国王アルフォンソ十三世は、ウージェニーのために、セビリャ行きの特別列車を仕立ててくれた。だが、風景をよく見たいからと、彼女は自動車を所望した。

夕方にセビリャについたウージェニーは、市のどまんなかにあるアルバ侯爵家の豪邸に投宿した。そこの庭にはオレンジの木が生い茂り、馥郁《ふくいく》たる香りを漂わせていた。彼女は若いアルバ侯爵に言った。

――七十五年前に、あなたのお婆様のパカと私とは、何度この町の小路を歩きながら、夢想にふけったことでしょう！

スペイン国王夫妻も、わざわざウージェニーに敬意を表しに来てくれた。そして、マドリッド行きをすすめた。マドリッドでは懐しいリリア館に泊り、九十四歳の誕生日も祝福してもらった。

ウージェニーのこの最後のスペイン旅行は、もちろん思い出を楽しむ巡礼旅行だったが、いま一つの理由は、名医バラクエル博士の手術を受けるためだった。

――皇妃さまの眼は、とてもお美しい。

博士のこのお世辞に、ウージェニーはにっこり笑って答えた。

――手術はできるだけ早くお願いします。でも、日曜日にはしないでください。

迷信家のウージェニーは、「自分が死ぬ日は日曜日」、と確信していたからだった。

バルセロナの名医バラクエルは、麻酔を使わずに手術をした。ウージェニーも周辺の者たちも不安だったが、奇跡的に視力を取り戻した。なんとか読み書きができる状態にまで復活した。彼女が久方ぶりに手にした書物は、セルバンテスの『ドン・キホーテ』だった。

介添役をつとめた青年アルバ公爵は、七月半ばにロンドンで結婚式をあげなければならなかったので、ウージェニーもファーンボロー・ヒルに帰るつもりでいた。

ところが、七月九日にウージェニーは風邪をひいた。持ち前の楽天主義から、すぐに治るものと用心もしなかった。これが命取りとなった。

病状は夜から悪化し、一九二〇年七月十一日の朝八時に、しずかに息を引きとった。その日は奇しくも、ウージェニーが予言したとおり日曜日だった。

亡骸《なきがら》はファーンボロー・ヒルの小さな教会の地下聖堂に収められた。彼女が希望したように、墓は夫と息子のあいだに作られる。そして、墓石には「ウージェニー」と、簡単にその名のみが刻まれた。

あとがき

フランス第二帝政（一八五二—七〇）は、正味二十年にも満たない短い期間だった。しかし、皇帝ナポレオン三世の信任厚かったオスマン男爵によって近代パリが成立した、まことに興味深い時代である。

ボードレールの詩やオッフェンバックの音楽に親しんできた私は、この第二のロココと呼ばれる繁栄と頽廃の時代に、かねがね少なからぬ関心を持ちつづけてきた。

幸い白水社編集部の上田雄洸、関川幹郎両氏のおすすめもあったので、時代の影の推進者皇妃ウージェニーを中心に、私なりの「第二帝政」を書いてみることにした。

ただ、歴史学者ではない私には、詳細精緻な研究は無理な話なので、一般読者を対象とする「読物」であることをお断わりしておきたい。

本書刊行にあたって、本田喜恵さんに資料を集めていただき、上田、関川の両氏には二年間にわたっていろいろお世話いただいた。改めて三氏に感謝したい。

著者しるす

参考資料

M. M. Mullois : Histoire de Napoléon III, Léon Fontaine, 1864.

Augustin Filon : Souvenirs sur l'Impératrice Eugénie, Calmann-Lévy 1920.

Lucien Daudet : L'inconnue（L'Impératrice Eugénie）, Ernest Flammarion, 1922.

Frédéric Loliée : La fête impériale, Librairie Félix Juven.（発刊年記載なし）

Ferdinand Bac : Le mariage de l'Impératrice Eugénie, Librairie Hachette, 1928.

Louis Sonolet : La vie parisienne sous le second empire, Payot, 1929.

Th. René-Lafarge : L'Impératrice Eugénie et ses femmes, Hachette, 1938.

Maurice Allem : La vie quotidienne sous le second empire, Hachette, 1948.

Harold Kurtz : L'Impératrice Eugénie, Librairie Académique Perrin, 1967.

P. Guériot : Napoléon III（Tome I, II）, Payot, 1980.

Guy Breton : Histoires d'amour de l'histoire de France（Tome 9, 10）, Presses de la Cité, 1980.

Alain Decaux : l'Empire, l'amour et l'argent, Librairie Académique Perrin, 1982.

Claude Dufresne : L'Impératrice Eugénie ou le roman d'une ambitieuse, Librairie Académique Perrin, 1986.

William Smith : Eugénie, Impératrice et femme 1826—1920, Olivier Orban, 1989.
Jean Autin : L'Impératrice Eugénie ou l'empire d'une femme, Fayard, 1990.
西海太郎『フランス現代政治社会史』、三一書房、一九五三
井上幸治編『フランス史』、山川出版社、一九六八
ジョルジュ・デュピィ、ロベール・マンドルー『フランス文化史』III（前川貞次郎、鳴岩宗三、島田尚一訳）、人文書院、一九七〇
ハロルド・C・ショーンバーグ『大作曲家の生涯』（亀井旭、玉木裕訳）、共同通信社、一九七七
S・クラカウアー『天国と地獄——ジャック・オッフェンバックと同時代のパリ』（平井正訳）せりか書房、一九七八
アラン・ドゥコー『パリのオッフェンバック——オペレッタの王』（梁木靖弘訳）、麦秋社、一九八五

本書は 1991 年に単行本として小社より刊行された.

白水uブックス　1081

皇妃ウージェニー　第二帝政の栄光と没落

著者 © 窪《くぼ》田《た》般《はん》彌《や》
発行者　川村雅之
発行所　株式会社白水社
東京都千代田区神田小川町 3-24
振替 00190-5-33228 〒 101-0052
電話 (03) 3291-7811 (営業部)
(03) 3291-7821 (編集部)
http://www.hakusuisha.co.jp
乱丁・落丁本は送料小社負担にて
お取り替えいたします。

2005年5月30日印刷
2005年6月20日発行
本文印刷　三秀舎
表紙印刷　三陽クリエイティヴ
製　　本　加瀬製本所
Printed in Japan

ISBN 4-560-72081-9